JN170815

言霊学事始

神道から観た
仏教三部書

・法華経要義
・歎異抄講話
・無門関講話

小笠原孝次 著
七沢賢治 監修

和器出版株式会社

本頁の馬頭観音は、小笠原孝次先生の遺稿を長年護ってきた古屋貞子氏が、先師が示す言霊の道への導きを願い、先師 33 回忌の供養のために描かれた作品である。馬頭観音は怒りの憤怒の形相で顕され、怒りの激しさによって苦悩や諸悪を粉砕し、馬が草を食べるように煩悩を食べ尽くし、災難を取り除くとされている。

凡例

一、本書は、一九六七年二月より第三文明会、皇学研究所主幹で行われた全五回の『歎異抄講話』、七月より行われた無門関研究会による全八回『無門関講話』をまとめた会誌、同じく開催予定であった『法華経要義』の講義概要を原本とし、七沢賢治の監修のもと、一部校訂を加え、神道の解釈を加えた仏教三部書として刊行したものである。

一、原本を忠実に表現することを原則としているが、明らかな誤記や誤植は改めた。

一、原本の意味を変更しない範囲で、踊り文字、見出しの一部に必要最小限の修正を加えた。

一、原本の漢字の旧字体・異体字については、原則として、新字体・標準字体に改めた。ただし、引用文、熟語、慣用句、名詞などで特別な意味合いを持つ場合には、原本のまま旧字体、異体字を用いた。

一、原本の旧仮名遣いは、原則として引用文以外は、現代仮名遣いに改めた。

一、図表に番号を付し、検索の便をはかった。

一、文中には、ひらがな表記とカタカナ表記の混在、漢字表記とカタカナ表記の混在、異字同訓、新旧の漢字の混在、中国語の漢字の混在などが存在しているが、引用文以外は、明らかな誤記や誤植でない限り原本の表記を尊重した。

一、他の著作物からの引用方法は、直接引用と間接引用が混在している。内容を要約した間接引用については、明らかな誤記や誤植でない限り原本の表記を尊重した。

一、小笠原孝次著『言霊百神』(新装版)、『言霊精義』(新装版)、『言霊開眼』(新装版)、『言霊学事始』の内容と比較すると、本文、図表、引用文等について、表記や解釈に異なる場合があるが、それらの違いの背景には、著書自身の考え方の変化が影響している可能性があるため、各書籍を記した時の著者の考え方を尊重し、原則的には修正等は加えていない(一部例外あり)。

一、検証の便をはかるために、引用文には原則として出典、情報源を明記した。

一、和器出版株式会社の設立に伴い、「言霊学会」は株式会社七沢研究所より和器出版株式会社に移管され、小笠原孝次氏、山腰明將氏の遺稿等は、弊社において復刻・出版される運びとなった。

監修者ご挨拶　小笠原孝次先生が紐解く仏教と言霊の世界

七沢　賢治

「仏教三部書」というと、通常は浄土三部経や法華三部経、あるいは大日三部経を思い出す方がほとんどであろう。しかし、本書では『法華経』、『歎異抄』、『無門関』の三点を取り上げている。言霊布斗麻邇との繋がりを考えると、これらは仏教における言霊三部経といえなくもない。

だが、なぜ本書を世に出すのか、また、なぜこの三点が先師小笠原孝次先生に選ばれ、言霊学の前提となっているのかについては、理解に苦しむ向きもあるだろう。なぜなら、およそ八万四千あるといわれる仏教経典のどこにも、直接言霊に結び付く言葉は見当たらないからである。そこで、本書の中身を抵抗なく受け入れていただくためにも、まずはその辺りの誤解を解くことから始めたい。

先師は、予てより仏教の中に言霊の前提となる教えがあり、それを学ぶことが言霊をこの手にしかと掴むために必須であると説いていた。そもそも、その入り口となる「中今」の把握とは、天地開闢の正に瞬間であり「永遠の今」を体認することをいう。それは、仏教の「空」や「悟り」と同質のものと考えてよい。他の教義もそうであるが、まずは自己自身が囚われの世界から救われなくてはならない。そのための方法論が仏教にはあるということである。

実際、古神道や言霊の教えにそれはない。「神道は言挙げせず」であり、言霊学は元々、既に「それ」を掴んだ人間を相伝の対象としているからである。一般論的には不親切な話であるが、そのような事情であれば、手掛かりは他に見つけるしかない。その一つが仏教であり、なかでも『法華経』、『歎異抄』、『無門関』の三つに、最も端的にその中身が詰まっていると先師は考えた。それぞれに独自の解説を加えることにより、この仏教三部作は求道者向けに一応の完成を見たといえる。『古事記解義 言霊百神』が刊行される二年前のことであった。

細かな解説は本書に譲りたいと考えるが、要点のみということであれば、次のようなことがいえるであろう。まず『法華経』についてであるが、そこにはたとえば、地獄界から仏界までの「十界」に「階層性」という概念を見ることができる。地獄界はどこまで行っても地獄であり、菩薩界や仏界と交わることはない。なぜなら階層が異なるからである。そうした様相を人類全体の中に認めることもできるし、一個人に見ることもある。たとえば、修羅の時もあれば、菩薩の眼差しもあるという具合に。その全体像を俯瞰し、見極め、そこから抜け出すことで新たな世界観を得ることがある。それを初期の悟りと言ってもよい。十界を五階層に整理すると、即ちそれは「木火土金水」の五行になり、「アイウエオ」の五母音となる。その五音が「ア」言霊に集約され、「南無阿弥陀仏」と唱える時、「善人なおもって往生を遂ぐ、いわんや悪人をや」が成就すると親鸞は『歎異抄』で説いた。

これに『無門関』に関する講話が加わることで、仏教と言霊に関する先師の考察は一段落がついたことになる。仏教に関する師の最後の著述だけあって、この『無門関講話』では先の階層性に加え、父韻が持つ位相性の概念を、本書における他の二作以上に詳しく紹介している。『無門関』には四十八の公案が登場するが、この「四十八」はいわば、父韻、母音、子音を含めた言霊の完成数である。仏の四十八願がそうであるように、観世音菩薩の三十二応身は子音そのものを指す。念仏は当然のこと、結局は禅の祖師たちも意識的にかそうでないかは別にして、言霊を公案そのもの、あるいは公案の全体系の中に封じたのだといえる。とりわけこの『無門関』に対する先師の思いには特別なものがあった。なぜなら、師自らがかつて趙州の「無字」に参じることで言霊の入口ともいえる「中今」の門を叩くことができたからである。そこには、公案に命懸けで取り組んだありし日の師の直向きな姿を思い浮かべることができる。

仏教はアジアと日本の文化に多大な影響を与えた。日本が神話の国であることに違いはないが、奈良時代以降、政策的に仏教国を目指したこともあり、仏教を基にした芸術や教義が今もこの国に根付いているように見える。だから、馴染みのある仏教の説明知で言霊を理解してもらおうというのが先師の狙いであった。それは師に始まったことではない。古くは聖徳太子が日本に仏教を取り入れたのも、同じ理由であったように感じられる。太子は元々神道の原理を掴んでいた。つまり、神道を蔑ろにしたのではなく、当時の日本人が仏教を学ぶことで、かえって神道の理解も深まると考えていたふしがある。結果的にそれは以降の仏教文化を繁栄させることとなった。しかし、白法すなわち神道原理はそれにより隠没の道を辿る。

一見すると太子の意図は失敗に終わったかのように見える。なぜなら仏教の裏に日本神道の原理が働いているとは誰も知らず、ましてや今日、それを元に神道を学ぶなど思いもよらぬ事態にあるからである。けれども、穿った見方をすれば、そちらが実は本来の目的であった可能性もある。つまり、神道布斗麻邇の原理をある時代まで隠すのが元の狙いであり、然るべき時期に当初の意図を「誰か」に実現してもらおうと考えていたのではないか、ということである。当初の意図、それこそ天津日嗣の世界経綸であり、仏陀の入涅槃と出涅槃であると先師は語っている。が、その「誰か」とは、ひょっとして師のことではなかったろうか。もっと言うとそれは、同じ意志を引き継ぐ我々日本語族の誰かといえる。

本書『神道から観た仏教三部書』はこうして立ち現れた。日本は本来の仏教国ではない。したがってその根底にあるのも仏教文化ではない。人文科学として、あるいは宗教として取り入れてはいるが、日本人の生き方の根本に及ぶものではないのである。元来、日本には日本の文明があるのであって、仏教はそれを学問という切り口で見た場合の説明知と捉えた方がいい。本書を読めばお判りのように、先師は決して仏教と言霊を混同させてはいない。言い方を変えれば、仏教のマトリクスや階層知に仮託して言霊を語ったということである。それを仏教の悟り、あるいは五十音で掴ませようとした。伊勢神宮の呼び名に「五十鈴宮」という表現があるように、悟りにも五十の音色がある。その一音一音が我が身に鳴り響く時、日本語五十音はただの言葉ではなく、宇宙創造の源であり、創造意志そのものであることが首肯されてくる。仏教が決して言葉にしなかったこと、その中身が本書を通じて明らかになるであろう。

先師の手書きの原稿から本書の出版に至るまでの道のりは、決して平坦ではなかった。あるものは当時のチラシにマジックペンで裏書きされ、あるものは万年筆で原稿用紙からはみ出す勢いで書かれていたため、解読が極めて困難となっていた。しかし、心ある多くの協力者の手により形にすることができた。「仏教三部書」完結という、先師小笠原孝次先生の前代未聞の業績に心から敬意を表すると同時に、関係諸氏にはこの場を借りて改めて感謝を申し上げたい。とりわけ『無門関講話』の原稿整理については、不識庵の白鳥真路老師、また東京家政大学大澤力教授に大変お世話になった。本書がこれから言霊の学びを志す人々への新たな誘いとなれば幸いである。

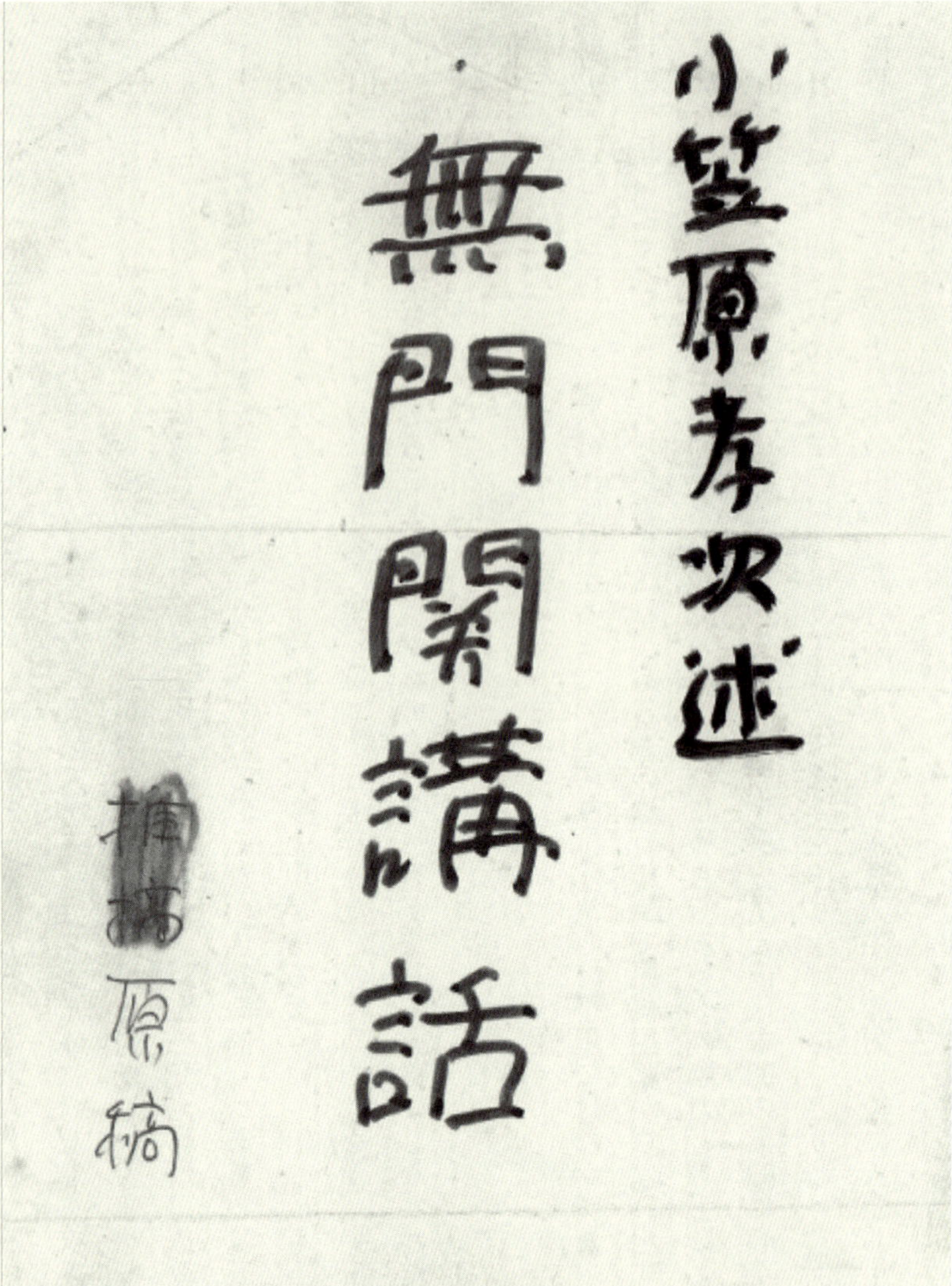

画像１．**小笠原先生の手書き原稿（無門関表紙）**

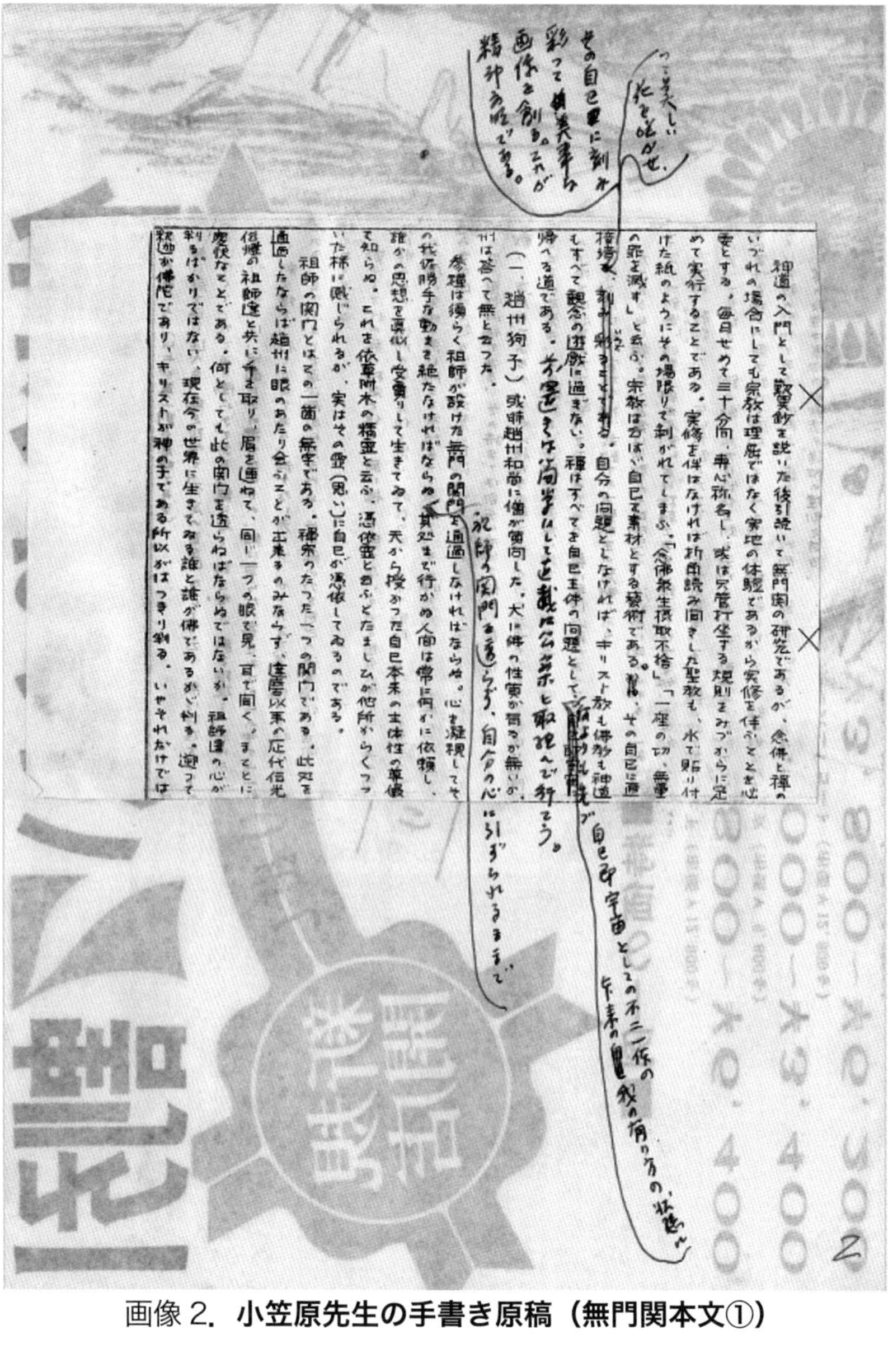
禅道の入門として歎異鈔を説いた後引続いて無門関の研究であるが、念佛と禅の
いづれの場合にしても宗教は理屈ではなく実地の体験であるから実修を伴ふことを必
要とする。毎日せめて三十分間、専心称名し、或は只管打坐する規則をみづからに定
めて実行することである。実修を伴はなければ折角読み聞きした聖教も、水で貼り付
けた紙のようにその場限りで剥がれてしまふ。「念佛衆生摂取不捨」「一座の功、無量
の罪を滅す」と云ふ。宗教は云はゞ自己を素材とする藝術である。然し、その自己に直
接焼きつける。自分の問題としなければ、キリスト教も佛教も神道
もすべて観念の遊戯に過ぎない。禅はすべてを自己主体の問題として
帰へる道である。
（一、趙州狗子）或時趙州和尚に僧が問うた。犬に佛の性質が有るか無いか。
州は答へて無と云った。
参禅は須らく祖師が設けた無門の関門を通過しなければならぬ。心を凝視してそ
の我侭勝手な動きを絶たなければならぬ。其処まで行かぬ人間は常に何かに依頼し、
誰かの思想を真似し受売りして生きてゐて、天から授かった自己本来の主体性の尊厳
を知らぬ。これを依草附木の精霊と云ふ。憑依霊とおふどたましひが他所からくっつ
いた様に感じられるが、実はその霊（思い）に自己が憑依してゐるのである。
祖師の関門とはこの一箇の無字である。禅宗のたった一つの関門である。此処を
通過したならば趙州に眼のあたり会ふことが出来るのみならず、達磨以来の歴代伝光
伝燈の祖師達と共に手を取り、眉を連ねて、同じ一つの眼で見、耳で聞く。まことに
爽快なことである。何としても此の関門を透らねばならぬではないか。祖師達の心が
判るばかりではない。現在今の世界に生きてゐる誰と誰が佛であるかゞ判る。遡って
釈迦が佛陀であり、キリストが神の子である所以がはっきり判る。いやそれだけでは
2

画像 2. **小笠原先生の手書き原稿（無門関本文①）**

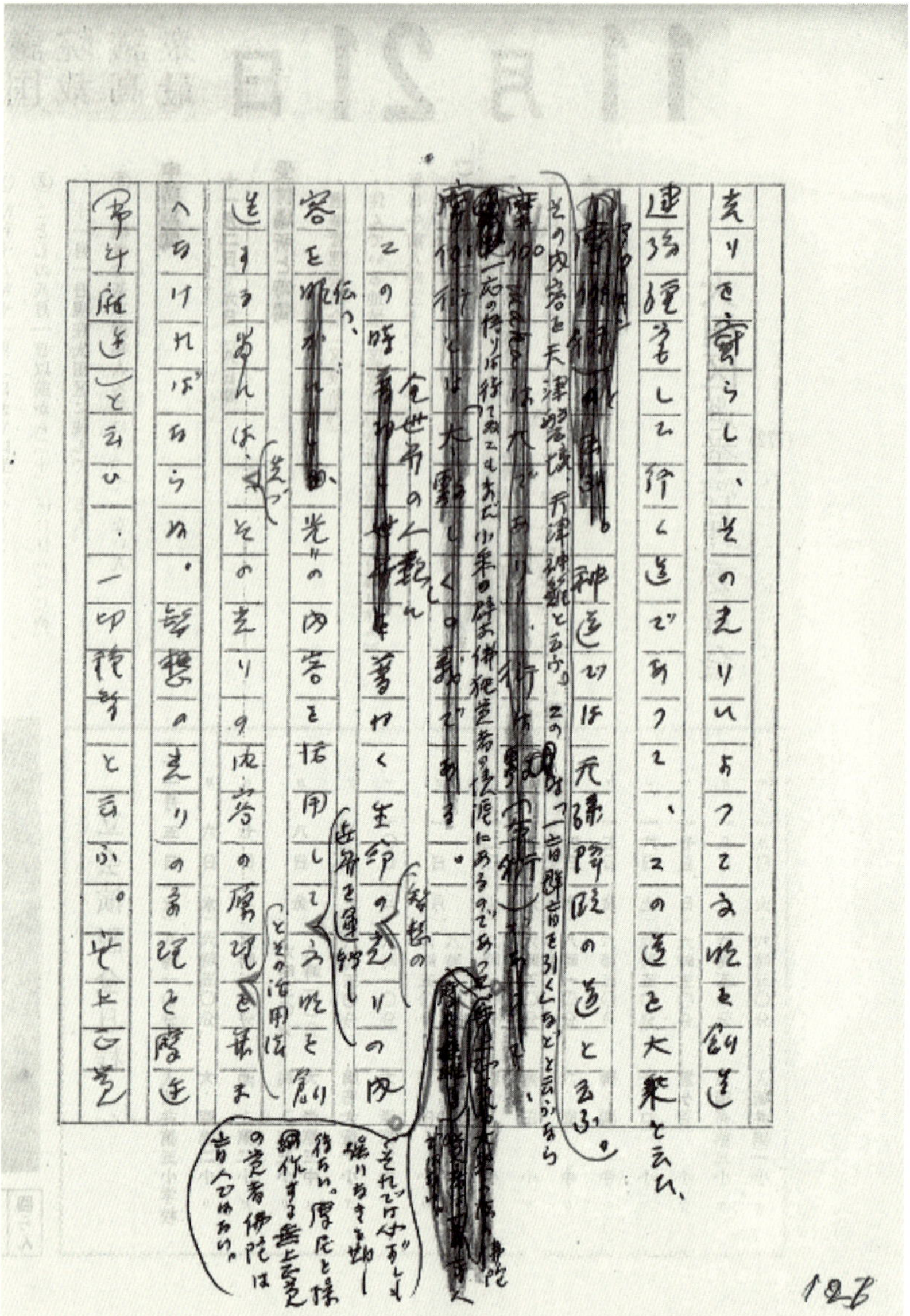

画像 3. **小笠原先生の手書き原稿（無門関本文②）**

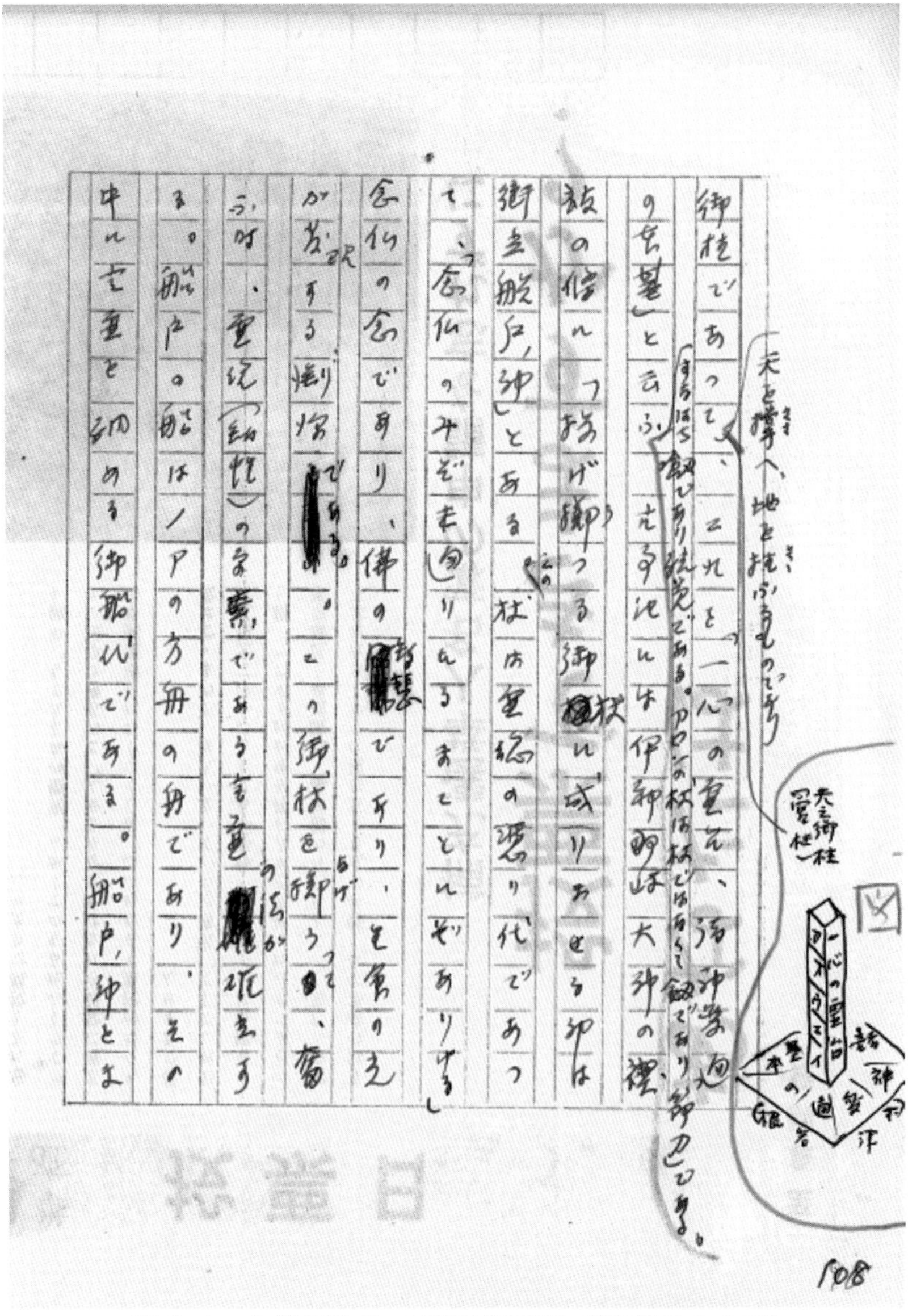

画像 4. **小笠原先生の手書き原稿（無門関本文③）**

総目次

神道から観た

法華経要義　目次

挿図目次

神道から観た

歎異抄講話　目次

挿図目次

神道から観た

無門関講話　目次

挿図目次

巻末

神道から観た

法華経要義

本書に於いては、原文を掲載しません。法華経を傍らに開きながら、本書をお読みください。

法華経要義（一）

法華経の中から法華の実体を見出すことは困難である。この事は古事記を読んで、その中に日本国体神道の実体である布斗麻邇の学を洗い出すことが困難であることと同様な関係にある。

元来法華経は釈尊が「妙法蓮華　教菩薩法　仏所護念」を説くと云う約束と前提の下に行はれた説法であるが、その中に法華の実体である所の一切種智の内容が具体的には一向に説かれていない。これでは法華経が法華の経文にならない。

然し法華経の中に法華経に関する事柄が全然説かれていないわけではない。そこには比の宇宙に妙法蓮華と云われる一切種智の摩尼の学が存すること、それは声聞、縁覚二乗の過程を終へて、菩薩の大乗の誓願に立った者が、その誓願を成就し成道して、全世界を完全無欠の仏国土として経営、経綸転輪するために必修の学であるということと、及びその法蓮華の原理が学道者に対して如何なる功徳効用があるかと云うことが、経文の大半を費して精しく述べられている。然し是等の論説はすべて妙法蓮華のアウトラインであって、その実体実質そのものではない。そのため折角仏教々典のうち、殊に法華経によって、精神界に於ける究極の真理を求めようと意気込んで来た学道者は大いに戸惑ひせざるを得なくなる。

だが法華経の中に妙法蓮華の実体が全然説かれていないと云うわけではない。そこに数多くの比喩と象徴と、及び概念が説かれてあって、それによって妙法蓮華の内容が指示され咒示されている。

そこで法華経は妙法蓮華そのものを端的に説き示したものではなくして、法華修業学習のための入門書としての役をなすものであると共に、それは妙法蓮華の実体に関する呪文であり呪示に他ならぬものであると云うことが出来る。この事は古事記が国体神道原理を直裁具体的に示したものではなくして、同じく比喩や象徴や或は漢字の概念や象形を借りて、その国体原理を指し示してある所謂「指月の指」であり、そのための呪示であり呪文である事と全く同様のものであると云うことが出来る。但し古事記の内容は咒文の形に於ける哲理及び歴史的記録のみであって、その中には法華経の様な個人の修業法は説かれていない。

真理を咒文の形で説いてあると云うことはキリスト教々典に就てもまた同様である。キリスト教の最高の奥義は黙示録や創世記やヨブ記の中に同じく比喩として象徴として説かれているのである。この比喩、象徴乃至咒文の構成方法は神、仏、耶三教の上に同一であるのみならず、更に儒教、ギリシャ神話、北欧エッダ神話に至るまでも共通の手法が用いられてあって、是等のすべてを同時に同一の方法を以て解釈し得るものであることからして、これ等世界の古代宗教、古代神話の背後に、同一にして唯一共通の意図と計画が存在していたことが明らかに観取される。

この様に神道と云はず、仏教と云はず、キリスト教と云はず、世界のすべての宗教の聖典は悉く真理に関する咒文咒示である。そうした咒文を咒文のままで担ぎ廻わったところで何の役にも立たない。咒文を咒文と知らずして、それを得意げに持ち廻はる者をはたから見れば笑止千万なことである。
殊に日本の神道家の多くは、古事記が咒文であることを知らずして、或はその神代巻を単なる歴史と見たり、或はその神話体の記述通りのことが実際に存した如く信じようと努力してみたり、更に甚だしいのは元来人間の精神の内景を記述してある所のものを自然科学的記録である様にまことしやかに吹聴したりして、様々な狂態を演じて、他宗教や他国人からの嘲笑と愚弄の的となって来た。すべて咒文と云うものはその謎を解いて、その謎が指示する真理の真相を明かにすることによって初めてその意義があらわれるものである。

妙法蓮華すなはち一切種智とは人間精神として自覚され把握された大自然の内容である。大自然界を人間が学的に取扱ふ上には元来二様の態度がある。その一つはそれを客観的現象と観て、その法則を抽出して学問化することで、これが近代科学である。然しその科学は何処までも認識の対象すなはち客体に即したもので、然らばそうした科学的真理が何故に発見され、何故に成立するかと云うことに就ての主体的（主観的、精神的）裏付けは科学そのものの中には得られない。この故に科学は自主性と自律性のない、人間全体から見る時、自己主体喪失の学問である。この半面のみの自己喪失の科学のみを以てしては、人類文明全体を軌範し指導する原理とはなり得ない。ここに科学の貧困があり、科学者の悩みがある。

此の内面的欠乏と苦悩とを、強権を以て押潰して、強いて科学を以て人類を規律して行こうとしているのが科学的共産主義である。その意図たるやまことに悲壮であるが、それでは唯物論信仰者の朋党的な独裁政治以上に出ることが不可能であって、人間はすべて客体である科学と産業を目的とする社会制度の奴隷となるのみで、そこには各個人のめいめいの生命の自覚に即した自由性と自主性と自律性が有り得なくなる。

客観界の現象の学である科学に対する他の半面である主観、主体側の精神現象を取扱ふ学問が哲学、形而上学、宗教であるのであるが、ところが此の人類文明の自主性、自律性、自己目的性を取扱ふところの主体側の学問が現在科学の進歩に対して遙かに遅れていて、全く跛行状態を呈している。この片ちんばの間隙に乗じて、恥知らずの世界の権力者が武器と資本と警察力を駆使して所在に横行しつつ、自己目的と自主性に盲目な民衆を拘束し指揮して、その権力者同志が互に覇を争っている。これが刻下の世界混乱の実相である。

此の世界の混乱を是正し、人類を生存競争、弱肉強食の地獄相の中から救出し、奴隷と従業員の境涯から解放して、住みよい社会を地上に建設するためには、資本主義社会であること、共産主義社会であることの何れを問はず、先づ精神文明である哲学宗教が科学に対する立後れを取戻さなければならない。自主性、自律性を欠除する盲目な客体側の科学を指導するための主体側の精神文明の全貌を急速に明かにすることから始めなければならない。

そのために人類は今まさに何をなさねばならぬのだろうか。そのために人類は遠い過去から今日まで絶大な努めを以て護持継承して来た神話や宗教の咒示的教義を、なほこの侭の無関心未解決の状態で持ち続け乍ら、若しくはそれ等を全然放擲し去って、科学文明の所産であるプラグマチズム哲学の方法を以てする「エラー、エンド、トライアル」を今後更に何百年、何千年も繰返して行かなければならぬものだろうか。も早や世界にそんな余裕はない。元来人類は実はそれ程智的に貧困なものではないのである。

客体の学である科学が今日の発達を見た起源は七百年前初めて酸素が発見されて以来のことであって、今や全科学が一大体系として綜合されんとする前夜に到達している。然しこれに対して主体の学である宗教と云うものはその科学が発祥した時よりも遙かに以前、凡そ今を去る三千年よりも更に旧い時代に於て、あたかも今日の科学が将に然らんとする状態で既に完成されている学問である。

これを別の言葉で法華経的に言うならば釈迦以前の過去仏の時代（例へば多宝仏）に於て宗教は既に完成されているものであつて、その完成体の自覚者を仏陀と云うのであり、釈迦以前にも恒河沙数の仏陀が存していた。釈尊は成道した最初の仏陀ではなくして、実は過去に入涅槃した最後の仏陀であったに他ならない。それ等の仏陀の唯一共通の自覚内容が妙法連華であり、一切種智であり、此の種智を以て組立てられた人類精神文明の三つの究極的思想体系を阿耨多羅三藐三菩提と云う。

仏陀の入涅槃と云ふことはこの精神文明の原理が現実界からその姿を隠したと云うことである。すなはちそれが民衆の精神指導と実際の政治経済の原理として用いられなくなったと云うことである。入涅槃とは神道で云うところの「天の岩戸隠れ」と全く同一の哲学的意義のものであって、それは単に宗教上ばかりではなく、全世界人類の歴史上乃至政治経済上にも極めて重大な意義を持った事柄である。

印度に於ける仏陀の入涅槃と相前後して日本では神武維新が行はれ、やがて崇神朝に於ける神器の同床共殿廃止のことが行はれた。これを「二度目の天の岩戸隠れ」と云う。またキリスト教の世界に於てもこれとほぼ時を同じくしてユダヤ国家滅亡と神器喪失、民族流離のことが起った。この様にして人類歴史の過去の太古神代に於て、全人類が把持し運営していた所の精神文明の原理、すなはち阿耨多羅三藐三菩提であり、霊剣鏡の三種の神器であり、若しくは黄金のマナ壺、アロンの杖、モーセの十戒石であるユダヤの三種の神宝であるところの精神文明の大法が此の世界から隠没したのは、凡そ三千年昔のことであった。これと共にこれによって全世界共通の宗教的、政治経済的、歴史的な極めて重大な大転換が起こったのであった。

岩戸隠れすなはち入涅槃の目的は寿量品に説かれてある如く、一面には衆生に渇仰の心を起させるための方便であったと同時に、他面この時を境としてやがて世界に興隆しなければならぬ予定計画の本にあるところの人類文明のいまひとつの半面、すなはち科学の発達を促進するための経綸に基づくものであったのである。

此の所謂正像末三千年間に亘る入涅槃の期間内に於ては一切種智の内容を顕はに説くわけに行かない。それを説けば岩戸隠れの時代であることの意義を喪失する。一切種智の実体はその存在を後世に伝へるために或程度までは説いて置かねばならぬとしても、全貌を示すわけには行かない。そのため咒文の形で示して後世にこれを残して置いた。これが仏教典にせよキリスト教典にせよ、あるひは古事記にせよ、すべて世界の宗教の聖典が咒文を以て綴られてある理由である。釈尊が法華経を説いたにも拘らず、その最後に「四十五年の説法一字説かず」と述べていることは真実であって、法華経の中に妙法連華の実体が説かれていない事が却って入涅槃の時代に於ける経典の正しい在り方である。斯うした世界の歴史的宗教的秘密を日本の古い先覚者達、聖徳太子も弘法も伝教もそして日蓮も充分に心得ていた。そして時至るまでその秘密を固く守っていた。

然し岩戸隠れにせよ入涅槃にせよ、その侭の状態が永遠に此の世界に続くわけではない。末法万年などと云はれるのは仏教者の堕落を揶揄した言葉であって、仏説ではない。予定された時期が熟する時、再び岩戸は開け、仏陀は眼りから覚める。その時期と云ふのは正像末三千年の終りに於ける科学文明完成の時期であって、その時は正に今日である。

天照大御神の出現、弥勒仏の下生、キリストの再臨の時期は今である。是等三千年に及ぶ久滅度の神仏あるひは救世主が人類に改めて何を斎らすかと云うと、それは即ち仏説の古き一切種智、阿耨多羅三藐三菩提の学であり、三種の神器の原理であり、過去の太古神代に於て既に完成され、今日迄入涅槃の姿で完全に保存伝承されて来た人類精神文明の原理そのものである。来るべき救世主とは新らしい何物かを新たに地上に創り出す者ではない。古くより既に完成されていて、而も永遠に新しい生命の原理を宝庫の中から取出す者である。

人類の生命自覚の実質は釈尊が「久遠実乗の釈迦牟尼佛」と獅子吼した通り、人間がその生物学的な「種」を持続する限り天壌無窮、万世一系に持続されて、決して変化することがない。一切種智こそすなはちその日本人の所謂天壌無窮、万世一系なるものの実体である。

この精神文明の原理が再び世界に顕はれて来ない限り、科学は永久に盲目の学であることを免れず、人類は依然として自己喪失の状態に於ける彷徨を続けなければならない。今こそ天の岩戸開きが切実に要求されなければならぬ時期であって、然らばその天の岩戸の内部に秘蔵されているところの三種の神器、すなはち阿耨多羅三藐三菩提、すなはち人類の一切種智の運用原理とは如何なるものであるか、黙示録に示された神の羔羊がその降臨によって世界に齎らすべきものは何であるか、これを一應法華経をテキストとして、併せて聖書と皇典古事記を参照しながら、行法とそして原理の両面から釈き明して行くことにする。法華経は三種の神器の学、すなはち摩尼宝珠の智慧に入るための最上の指導書であり入門書であるからである。

本要義は今後皇学研究所に於て行はれる講義の為の概要であることをお断りする。

忘れられている三種の神器

三種の神器は、例へばそのうちの剣に就て云へば、日本武尊や四道将軍の如く直接天皇から、或は伊勢神官から所謂「節刀」として授けられるものであるが、今日、日本の皇室も神宮神社も、なほ崇神朝に於ける同床供殿廃止以来の入涅槃の雲の中に深く閉されていて、神器の責任者が起ち上っていない。然し世界に時は到来しているので、今なほ古い伝統と形式の形骸の中に「長き世の遠の眼り」を眼って居られる皇族方や旧華族、神官、国学者達の御自身の岩戸開きを待っているわけには行かず、神器は法華経従地湧出品の所謂此の世界の虚空中に存します、すなはち日本人の遺伝的素質の中に生きていらっしゃる皇祖皇宗の御神霊が、夫々因縁のある人物を選び出して直接にお教へ下さるのである。その神霊への手引きを我々がなさねばならない。

昔、秦の始皇帝が燕の刺客荊柯に襲はれて宮殿内を逃げ廻はった。その時側近の人が帝に向って「陛下、劔を帯べり」と叫んだので、始皇帝は気が付いて、佩劔を抜いて荊柯を斬って難を免れることを得た。

これは鋼鉄の剣の故事であるが、日本天皇が帯びて居られる神器の御剣は仏説で云う不動明王の智剣に当る霊剣である。日本皇室、日本国家、全世界が今日これ程の危機に瀕しているのにも拘らず、天皇の側近に「陛下、劔を帯べり」と申上げる者が一人も居らぬ。「形而上を道と謂ひ、形而下を器と謂ふ」とあるが、三種の神器はこの形而上の道であり、道理であり、法である。天皇家の私有財産などと云はれる如き形而下の骨董品などではない。人類共通の精神的財宝としての文明の指導原理であって、天皇御自身さへもこれを私すべきものではない。過去二千年来この原理を岩戸隠れすなはち入涅槃の形に於て保存継承して来られたのが日本皇室であり、末法時代終了の時が至った時、これを執って全世界に号令して、全人類をその堵に安んぜしめる転輪聖王として起ち上がられる人がすなはち天皇である。

神武天皇以前の神代に於てはこの様にして転輪聖王が全世界を指導していた。天津神々である諸仏諸菩薩はその背後に在って指導と補弼と諮問の機関に任じていたのであった。転輪聖王は本来彼自身また一柱の仏陀であるが、その経綸を行ふためには諸仏諸菩薩の協力が必ずなければならぬ。釈尊やキリストの約束と予言として此の太古神代に於ける神国すなはち仏国土の姿が、完成した科学文明の上に再び打ち樹てられる時となったのである。

救国同志会の立場と仕事

本会は皇学研究所と一体となってその事業を促進し、その学術内容を教伝し宣伝し世界の政治経済の上に実現することを目的とする。皇学研究所は太古上古日本天皇によって具現され日本に保存されている所の人類精神文明の究極原理を、日本国体神道を主体として、仏教、キリスト教、儒教、回教を傍証として究明し、精神文明と対称的地位に立つ現代の物質科学文明とその学的内容を相互に対照証明し、精神文明によって物質文明に生命あらしめることによって、物心綜合の恒久不変の第三原理を樹立することを目標とする文化機関である。

この為に本会は独特の立場と方法に拠る。それは所謂右翼でもなければ左翼でもない。またその他世間に倣って従来日本に輸入され現に世界に行はれている哲学宗教その他の学問常識に基いて真理を暗中模索する方法を重ねて繰返さんとするものでもない。独特の立場とは人間のあらゆる我慾と我見私見自説及び不明瞭な神秘観の悉くを自ら超克鮮脱したところの槃若経の所謂諸法の実相（事実認識）を立場とする事である。

またその独特の方法とは仏教の奥義である一切種智の学、キリスト教の奥義である「神即言葉の道」、儒教の奥義である「結縄の政」が本来歴史的にも原理的にも我が日本国体神道の布斗麻邇の学に一致することの観点と方便に立って人類一切の精神文化現象の内容を自己証明と文献上の典據を以て開明し、その法則を復古実現せんとすることにある。

自己超克の立場を法華経で云うならば第七化城諭品に到達した所の、物心双つ乍らの執着を離れて一応自己の安心を得た自由無碍の境涯であり、キリスト教で云うならばキリストが神の一人子であることをみづから証明して罪の赦されを得た境涯であり、またニイチェの哲学で云うならば昆虫のそれと同じ様に精神の三変態を経過した所の、蛆虫でも蛹でもない人間の成虫、彼の所謂超人の不羈の境涯であり、神道で云うならば葦原中国である愛憎利害の相対世界に跼蹐する国津神（衆生）の心境から飛躍し得た無私普遍妥当の天津神の境涯を云う。言葉と表現は異なるが何れの宗教、何れの哲学の説く所も体験自証の上から観るならば一つものであることが了解される。

本会が説き、更に釈かんとする所は一切の形而上学、一切の宗教が鮮明不能又は秘密としている奥義であるから、これを説かんとする者もまた学ばんとする者も、その心の準備前提として各々自己の努力工夫によって先づ法華経の「化城」にまで到達して頂きたい。それでないと説いても魂の入口が開けていないから説き様がないし、開いても結局は支離滅裂に脳裂して決して自己の血肉にならず、実践の役に立たず終る。それは眞理の自己証明（自得）が出来ないからであって、生まれたままの自己観念、禅の所謂従前の識神を以てしては人間精神として現はれる本来の大自然生命の実相の把握運用は不可能である。

或は資本主義と共産主義、科学と宗教、或は自由民主々義と社会主義などと、本来は精神内部に於ける唯一の統一体であるべき人間性能、人類文化の内容が個人なり党派なり国家なりによって分裂を来しているのが現代である。この奇怪な自己分裂を意識せず、自ら可笑しいと気付こうとしない侭に、米ソと云はず日本と云はず、すべて現代の世界の支配者は権力を以て民衆の上に君臨している形になっているが、彼等自身実は憐れむべき脳裂の精神者に過ぎない。仏陀が目して衆生と呼んでいるのは必ずしも一般産業に従事している大衆の義ではなくして、斯うした自己分裂を反省する能はずして、而も民衆支配の地位を占拠しつつある者達を云う。

国津神である此の種の世界の支配者達が早晩その地位を統一者普遍者である天津神に返還委譲しなければならない歴史的必然の時期が既に到来しつつある。この事を天孫降臨と云うのである。本会は此の天孫降臨と、仏陀の下生と、キリストの再臨が学的に同一内容を有する所の同一事態であることを証明して、その実現のために活動する。その同一内容とは人間精神として顕現した大自然の実相である布斗麻邇であり、一切種智である。

然らば如何したならば此の様な自己分裂を拾収して自己の精神を本来の渾然たる統一態に還へすことが出来るかと云う事が政治と経済と学術とを問はず、世界のあらゆる支配者達に取って、現実の色々な問題を処理する以前に於ける焼眉緊急の問題であるのであるが、実はこの事は儒仏耶或は宗派神道等従来のすべての宗教が懇切丁寧に説教指導している所であって、その為の勝れた指導者宗教家も現に日本にも各方面で活躍していることであるから、偽者に捕はれてあらぬ道草を喰はぬ様に、各人の因縁に応じた師を見出してこれに就て教導を仰ぐべきである。本会はそのための紹介の労を取る。若し他の教導を肯んじない者であるなら時と所は選ぶ必要はない、直接みづから大自然に参与して自由自主自律の境涯を発見すべきである。本会もまた時間と施設の余裕さえあれば特に青年の為の自己究明の道場を開設したい希望を持っている。

以上の趣旨と目的に従って本会は太凡次の二段階の研究と実際活動を進める。この内、第一段階に要する当面の準備は既に整へられて活動を開始している。第二段階の活動は第一段階の活動が熟した時期に広く全世界の覚者識者を糾合して人類の世界会議の形で大規模に着手する予定である。

本会の活動は今の所大方の一笑にも値しない微々たるものであるが、「持てる者には與へらるる」(馬太伝)と云う真理の本に、古往の預言者の指示と、歴史の必然に応じて起ち上った機関であるから人類社会を本来の正位に巻き返へす台風の「眼目」として急速の発展が約束される。従地湧出の菩薩の結集として、天の岩戸前の神集として選ばれた仏者、神人、神子の参加を従慂して止まない。花嫁の来るに会はんとして待ち乍ら、灯火の油を求めに他へ赴いたために其の機会を逸した迂闊さを聖書は静かに戒めている。

第一段階

一、三種の神器（三貴子、祓戸四支柱神、阿耨多羅三藐三菩提、生命の樹の道）の原理としての日本国体神道の究明。

二、国体神道原理と日本歴史の相関関係の闡明。

三、日本国体神道に基いての世界古代宗教々理の証明及びその秘義の開明。

四、唯一生命の自覚内容（摩尼宝珠）の発展実現としての刧初より今日に至る人類歴史の編算。

第二段階

五、久遠実乗（天壌無窮、萬世一系）の釈迦牟尼仏（人間性）の自覚内容としての一切種智（摩尼、布斗麻邇、八尺瓊勾玉）の学と近代科学（物理学、生物学）との照合と相互証明。

六、右の相互証明による第三原理に則った世界連邦政治経済憲章の樹立。

七、恒久平和世界の実現。

法華経要義（二）

日本国体神道として完結綜合されている摩尼宝珠の学が仏教として如何に表現されているかを明らかして行くことによって神道と仏教の真義を同時に把握しようとすることが本講義目下の眼目であり、その時儒教、キリスト教も傍証とする上に於いて全世界の宗教、すなはち人間精神の内景に普ねく通達する道を一時に開いて行う。

序品《じょほん》

仏教は釈尊の創始によるものではない。彼以前既に多くの仏陀が在して妙法の演説をしていた経緯が序品の中に述べられている。即ち二万の日月燈明如来、燃燈仏等の活動を説いている。釈迦牟尼もそれ等の仏陀の一柱であるに他ならない。即ち釈尊は広く人類全体の太古の精神文明の伝統の継承者としてその時代に活躍した如来の一人であるに過ぎぬ。ここで日月燈明如来、燃灯仏の実体を明かにしよう。

如来が正法を説く道程としては先づ声聞（学識）を求むる物の為に「四諦」を説き、縁覚（悟り）を求むる者の為に「十二因縁」を説いて因果流転の相よりの解脱（不昧因果）を教へ、更に究極の道を求むる菩薩の為には六波羅蜜を説き、特に第六槃若波羅蜜によって三菩提を究尽し、一切種智に通達することを得しめる。

以上のうち六波羅蜜までの所は自己修練のための小乗仏教であって、最後の般若を行ずることによって始めて仏陀としての真の滅度を得ることとなる。この般若波羅蜜を行ずる所から始めて日本国体神道の内容に連絡して行く。

法華経ではこの道を「大乗の妙法蓮華教菩薩法、仏所護念」と号ける。阿弥陀経の「一切諸仏所護念経」と云う所と同じである。その意義は最も幽玄微妙な法の精華であって、これを以て菩薩を教へて菩提を究尽せしめる道であり、仏陀が仏陀である以上必ず此の法を護り念ずる所のもの、即ち菩薩の必修科目であり、仏陀自覚内容の学的実体であるが、扨て釈迦牟尼仏滅度後の衆生のために此の大法の意義と存在を説いて置こうと云ふのが此の序品である。

（聲聞を教へる法）四諦、生死病死観。

（縁覚を教へる法）十二因縁―無明、行、識、名色、六処、触、受、愛、取有、生、老死の輪廻。真我を取巻く外殻の構造。参照「子丑虎卯辰巳牛未申酉戌亥」十二環獣。

（菩薩を教へる法）六波羅蜜―布施 Dānapāramitā〜、持戒 Sila〜、忍辱 Ksanti〜、精進 Virya〜、禅定 Dhyāna〜、般若 Prajñā〜、分別功徳品では般若波羅蜜多を除いてある。他の五つは般若を護持するための自己修練の行である。

（仏陀の自覚内容＝神道）六種振動―実在、諸法空相の内容、アオウエイワ。十如是―天津磐境、大宣都姫神の原理の概要、相性体力作、アイエオウ、因縁果報等、ウヲヱヰワ。三十二相―人間の容貌ではない、心の相である。諸法実相、三十二子音。八十種好―「百八十結び」葦原中国の内容、耶蘇教は此処から展開する、ユダヤ民族の天職使命の在する所。

一切種智―摩尼宝珠（八尺瓊勾玉）とこれを運用する数理（十拳剱）。

方便品《ほうべんほん》

諸仏智慧、甚深微妙　其智慧門　難解難入　一切声聞、辟支仏　所不能知

仏（神）道の真諦は国津神衆生及び耳学問の声聞、自己の見解に止まる独覚者では到達不可能である。直接仏陀に就て学ばなければ知る能はず。科学がその伝統と歴史を捨てては成立せざると同じく、精神原理の学も仏陀（皇祖神）の伝統から離れる時辟支仏に随する。

唯佛与佛　乃能究尽　諸法実相　所謂諸法　如是相　如是性　如是体　如是力　如是作　如是因

如是縁　如是果　如是報　如是本来究竟等

一切種智である仏識は常識学者に聞いても悟っただけの宗教家に聞いても判らない。ただ仏陀と仏陀との間に於てのみ拈華微笑の消息で受渡しされる。生身の仏陀が居ない入涅槃の末法の時代に於ては涅槃に入って書物（すべての宗教古典）となっている神仏に質ねて、それによって本来の自己の知性霊性を蘇返らせるより他に方法がない。その諸法実相の様相は十如是であると、ここに一切種智概論が説き出された。

我及十方仏　乃能知是事　是法不可示　言辞相寂滅

一切種智の端的の表出は陀羅尼（言辞）であり「神即言葉の道」（ヨハネ福音書）であるが、その摩尼（真言、真奈、MANNA）の法は、既に此の時教伝禁止の歴史的時期に入らんとしている。釈尊は此の時代相を説いたわけで、仏陀はこの時より涅槃に入ったのである。涅槃とは泥日（泥槃）すなはち粘土盤文字の義で、即ちやがて書物経巻のことである。その書物では比喩と概念しか説かれていない。法華経が妙法蓮華の入門書ではあるが、その真相実相を直接説いたものではないことがこの一句によって明らかである。

舎利弗当知　諸仏語無異……諸仏語無異　唯一無二乗

「全地はただ一つの言葉、一つの音のみなりき」（創世記）。仏陀の用ふる言語は一切種智の自己表現である陀羅尼の展開としての唯一の世界語、仏陀語、神語、天国の国語あるのみである。この言葉は言葉（ロゴス）の鑑であり、ロゴスそのものである。日本にその種智の原因、天津磐境、天津神籬、八咫鏡が存在する。古代日本語である大和言葉はこの原因によって構成された仏陀語である。

この時舎利仏の乞ひによって、いよいよ大乗の法を説くこととなるのであるが、仏道はただ一仏乗あるのみであって、声聞辟支仏の二乗、菩薩の三乗があるわけではなく、二乗は一仏乗への道程に他ならない。化城諭品は更に深切にこの事を説いている。阿羅漢果、辟支仏果を以て「是れ最後身なり、究竟の涅槃なりと謂ふて三菩提を志求せざらん者は、皆是れ増上慢の人なり」と大乗学習のための心の準備を教へ、勇猛心を促進せしめている。その大乗の一仏乗の究竟は「一切種智」である。

釈迦の戒めの通り、殊に神道者の中には慢心者が多い。水を浴び体を振って快感を得て事足れりとするは末枝である。自己の心象を客観的な現象と錯覚して神霊が有るとか無いとか浮身をやつす徒は仏教の二乗にも及ばぬ低劣な自己分裂の狂人である。これはキリスト教に於ても同様であって、神の一人子を証明しただけではまだ仏教の辟支仏までの所である。更に勇躍して創世紀、ヨブ記、黙示録の謎を釈き、モーゼの裏十戒、アロンの杖の運用を得てこそ初めて真のキリスト者と云えるのである。すなはち「掟と預言者を成就するために」キリストは来るのである。

舎利弗　若我弟子　自謂阿羅漢　辟支仏者　不聞不知　諸仏如来　但教化菩薩事

此非仏弟子　非阿羅漢　非辟支仏
又舎利弗　是諸此丘　此丘尼　自謂已得　阿羅漢　是最後身　究竟涅槃
便不復志求　阿耨多羅三藐三菩提　富知此輩　皆是増上慢人

神仏耶を通じて声聞、縁覚二乗の境地に停って、そこで満足安心して、それから先を究明しようとする誓願を失った人が極めて多い。神道に於て天之御中主神即天皇の中心説を唱へた戦時中の思想も此の部類に属する。これは仏教の二乗即ち小乗であって、その境地の侭で敢て国家を指導しようとすると国家自体の独覚に止まって、八紘為宇⊠を口にし乍ら「法」が出ないから独善の帝国主義に終わる。然し神道は其後も猶斯うした幼稚さのうちに低迷を続けている。釈尊はこれを何回となく繰返し厳しく戒めている。精神文明の究極の法が出て来なければ、如何程強大な権力を背景とし、膨大な教団を擁し、煩瑣な哲学を説こうとも、依然中途半端のものであって、決して本当の神道でも仏教でもキリスト教でもない。

或説修多羅　伽陀及本事　本生未曽有
亦説於因縁　譬諭并祇夜　優姿提舎経
修多羅—経　伽陀—歌、祇夜—韻文
優姿提舎経—諭説

右等を九部の法と云うが、古事記も聖書も、ギリシャ、支那の神話も同じく斯うした法を用いている。これ悉く「指月の指」であって、概括してすべて咒文であることを知らねばならぬ。この咒文を咒文と知って、その秘密を釈くことによって初めて三菩提の内容である一切種智の実体が「言辞の相」に於いて現はれて来る。すべての宗教は此の意味での「密教」（默示）である。

今我喜無畏　於諸菩薩中　正直捨方便

但説無上道　菩薩聞是法　疑網皆已除
千二百羅漢　悉亦当作仏　……
汝等勿有疑　我爲諸法王　普告諸大衆
但以一乗道　教化諸菩薩　無声聞弟子……
其不習学者　不能暁了此

仏説の地獄極楽、阿羅漢果、辟支仏果の諸説は悉く途中の方便である。衆がこの仏の慈悲の方便の過程を卒業し、菩薩の波羅密を行じる時、仏陀は初めて安心して最上の法を説くのであって、これによってのみ一切種智に通達し得る。この故に元来仏弟子はただ菩薩のみであって、声聞縁覚に止まる者は仏弟子ではない。但し此の一乗の教菩薩の大法は「密」に付せられているものであるから、その秘密蔵の歴史的因縁と実際の存在箇所を明らかにして、その伝統に従って習学しなければ暁了することが出来ない。

声聞独覚者が慢心と自負を以て如何程工夫しようとも、その正当の法を以てしなければ、空は依然として空であり、零は永久に零である。例へ実相を説かんと擬しても結局はその人の個性と時代相のために限局されて普遍の種智は説き得ない。この大法の実体は「観普賢菩薩行法教」にも黙示されてある如く日本の三種の神器である。世界の凡ての宗教が、そして科学も同時に此の神器の学に参じなければならぬ時が来ている。

譬諭品《ひゆほん》

三界は火宅、これを脱れしめる為に如来は方便して三乗を説く、長者その愛子が火宅に執するを救ふに羊鹿牛の三車（三乗）及び大白牛車（唯一大乗）を用ふる比喩を説く。

金色三十二　十力諸解脱　同共一法中
而不得此事　八十種妙好　十八不共法

十力―是処非処、業報、定、根、欲、性、至処道、宿命、天眼、漏尽。

十八不共法―身無失、口無失、念無失、無実相、無不安定心、無不知己捨、欲無滅、精神無滅、念無滅、慧無滅、解脱無滅、解脱知見無滅、一切身業随智慧行、一切口業随智慧行、一切意業随智慧行、智慧知過去世無礙、智慧知未来世無礙、智慧知現在世無礙……

是等の功徳は仏の境涯を二乗より観たる説き方であって、精錬されたる仏自体の一切種智の内容ではない。三十二相八十種好は種智の内容である。

我（舎利弗）本著邪見　爲諸梵志（波羅門）師
世尊知我心　拔邪説涅槃　我悉除邪見
於空法得証　爾時心自謂　得至於滅度
而今乃自覺　非是実滅度……是学無学人

亦各自以離我見　及有無見等　謂得涅槃

舎利仏の述懐として諸法空相の悟りが真の仏道ではない事を、ここでも繰返し述べられてある。

若有衆生　内有智性　従仏世尊　聞法信受
慇懃精進　欲速出三界　自求涅槃　是名声聞乗
若有衆生　従仏世尊　聞法信受　慇懃精進
楽独善寂　深知諸法因縁　是名辟支仏乗
若有衆生　従仏世尊　聞法信受　勤修精進
求一切智　佛智　自然智　無師智　如来知見
力無所畏　愍念安楽　無量衆生　利益天人
度脱一切　是名大乗　菩薩求此乗故

ここで三乗の区別を明示している。自然智とは人間本具の大自然の智慧、人間精神として現はれた大自然、即ち久遠実乗の釈迦牟尼仏である。この智は学問によって他人から得たものではないから無師智である。如来に師はない。三乗にのみ師がある。

然し真の大乗は衆生を精神的に愍念安楽せしむるを以て終局とするものではなく、此法を以て国家社会を創ってこれを経綸し、万民を堵に安んぜしめる。これを天孫降臨と云う、生命の城の降臨と云う。この事は本具の一切智、自然智、無師智の具現を以てせざれば、他の如何なる方便を用ふるとも能はざる所である。その理由は現代に於て科学と一致することが出来ないからである。

宗教を説き道を教へて一つの教団を経営するに止まるの徒はそれ自体猶声聞縁覚菩薩の二乗三乗に止まるものであって真の大乗の一仏乗は世界経綸をその使命とする。一切種智である三種の神器の学は全人類が是を用いて至福の社会生活国際生活を享受する為の人類共有共通の財産である。大乗の一仏乗に教団があるとしたら全世界が唯一つ有るのみである。

此法華経　爲深智説　浅識聞之　迷惑不解
一切声聞　及辟支仏　於此経中　力所不及
汝舍利弗　尚於此経　以信得入　況余声聞
其余声聞　信佛語故　随順此経　非己智分
又舍利弗　憍慢懈怠　計我見者　莫説此経
凡夫浅識　深著五欲　聞不能解　亦勿爲説

一切種智の摩尼の学、三種の神器の意義は学問（声聞）でも悟り（縁覚）でも判らない。此の法を学ぶには舎利仏と同じく信を以てする。信とは久遠実乗の仏陀としての人智の崇高にして一切に通達することを基本要求として把持し、菩提究尽の誓願に於いて不退転の決意あるを云う。この信の上に立って初めて声聞縁覚二乗もまた菩薩と共に法華を学ぶべきである。

この基本要求と決意とは既に自己の智の分限を一歩離れたものである。この信に立脚せずして我見を以て観ようとする者には説いてはならない。然る所法華を説き、進んで神道を説き、摩尼を説こうとする時、「まさか」と嘲笑する者が特に神道者の中に多い。「日本にそんな立派な哲学があるものか、まさか」と云う。我見を以て神の国、仏国土を嘲笑し、人間の本性を愚弄し、彼みづからを否定し去る徒である。彼等は歴史を顧みず、神代を野蕃未開時代と目し、生物学の「種」の意義さえも認め得ない。「まさか」と思う者にはもはや用はない。

この「まさか」は我等の如く何等社会的地位も財産もなく、如何なる権力の介入も拒否して弧貧に生きる者がしかも此の事を説く時、その説者を見くびって云う「まさか」でもあるだろう。仏教を説くならば須らく有形無形の三界五欲の火宅を出離した後に初めて説くことを得べく、キリスト教を説くならば「持てるもののすべてを捨てて十字架を負いて我に従へ」（六波羅密を行ずること）と云うイエスの言葉を実行しての上でなければその資格はない。その時の姿は寒山の如き弧貧 Pauperitus である。今の世の人が求めている最上の真理は今の世の人が最も馬鹿にして顧みない境から現はれて来る。

信解品《しんげほん》

五十年放浪の子父の長者の家に帰って父の財産を継ぐことを恐る。長者先づこれを召使としてその下劣卑屈さを矯正すること二十年、漸く財宝を授くるを得た。

今までは如来大乗を与えんとすれども弟子は小乗を願うのみであつた。人類は既に像法末法の修行三千年、今こそ大乗の神器を受くる時である。

（舎利弗）我時在座　身体疲懈　但念空

無相無作　於菩薩法　遊戯神通　浄佛国土
成就衆生　心不喜楽……又今我等　年已朽邁
於仏教化菩薩　阿耨多羅三藐三菩提
不生一念　好楽之心

末法の衆生の魂は疲労と老齢の為に政治家も学者も実業家も宗教家さへもが自己の事のみに急であって、生命に普遍の原理ある事を考えない。偶々宗教に入ろうとする者があっても奇術奇蹟を行う者の前に算集し、真神真法を求めようとしない。ニイチェは斯うした末法の宗教を「これ以上の創造を欲しない疲労した魂が一足飛びで究極に到達せんとする為に神だの彼の世だのを作り上げる」と酷評している。然し疲れた時は一休みもよい。その為に「南無阿弥陀仏」と云う末法の為の法門も開けている（化域論品参照）だが然し今日は釈尊在世の時代とは異う。人類歴史と云う長い旅行の果に恐るべき夕闇（ラグナロック）が既に目睫に迫っている。

（迦葉）我等今日　得未曽有　非先所望
而今自得　如彼窮子　得無量法……始於今日
得其果報……我等今者　真是声聞
以仏道声　令一切聞　我等今者　真阿羅漢……

一休みしてしみじみと自己を省みることによって阿弥陀仏の力を頂けたら更に勇躍出発しよう。目的地の灯火は既に向こうに輝いている。華厳、般若経までの諸法空相の中に暗中模索する末法の世は終った。劫末の世に今悍しく蠢いているのは劫火に焼かれつつある衆生の無智と苦悶の姿である（壽量品参照）。その「羔羊の生命の灯火（默示録）」を高く掲げて示すことが本講の使命であり本会の任務である。羔羊の灯火とは天津日嗣の原理である。

薬草諭品《やくそうゆほん》

如来知是　一相一味之法　所謂解脱相
離相滅相　究竟涅槃　常寂滅相　終帰於空
仏知是已　観衆生心欲　而将護之　是故不即爲説
一切種智

大雲が降らす雨は一種類であるが、是によって生ずる草木には各に差別がある。如来は衆生の諸根の差別を観じて無量の法を説くが、それは雨の如く一味一相である。即ち解脱相（生死解脱）離相（十二因縁の捨離）滅相（輪廻転生の滅尽）究竟涅槃常寂滅相（諸法空相）と云う一連の修法であって、最後に一切種智の体得に至るのだが、この一切種智は衆生の心欲を観て（時至る迄は）説かない。

今爲汝等　説最実事　諸声聞衆　皆非滅度
汝等所行　是菩薩道　漸漸修学　悉当成仏

いよいよこれから諸法実相一切種智を説く。聞いただけ、悟っただけでは本当の成仏ではない。今迄の修行は六波羅密の所迄であって、それはまだ菩薩の道である。そこから段々に研究して、やがて皆が成仏出来る。

斯くして自己修練の菩薩道から一転して普遍の理法である一切種智の概論を説き出したものが法華経である。一味一相の究極は時と所とを問はず、すべての人類人種に共通な「種」の知識である一切種智である。この生命の自覚の基本内容である一切種智の基盤の上に立って、初めて各人の個性、各民族独特の文化の円満な発達と成就が叶うのであり、またこの普遍共通の種智の鏡に照らし合はせ継ぎ合はせて観る時、科学的真理の当否とその限界が証明されるのである。

化城諭品《けじょうゆほん》

仏陀は久遠実乗であつて、その自覚の始めがあるとすれば極めて遠い時代の事である。その年代の遠さを「三ヶ塵点」を以て譬えている。その時滅度した仏を大通智勝仏と云う。此の仏は道場に坐して十劫の間思惟を続けた。その間諸の梵天王、四王の諸天華を雨ふらし、天鼓を撃ちてその成道を鼓舞した。斯くて十劫に及んだ時初めて諸仏の法現前して阿耨多羅三藐三菩提を成ずることを得た。

神代の遠き昔、此の久遠実乗の本質、すなはち人類智性の全局である一切種智の自覚としての天壌無窮、万世一系の原理（三貴子の体系、三菩提）を成就完成された神を神道では伊邪那岐大神と云う。此の神の成道の過程を説いたものが古事記百神の原理である。そこに一切種智の哲学的体系が述べられている。即ちこれが神道の基本原理である。

伊邪那岐大神が此の原理を完成した場所を高天原と云う。其処は地理的には此の日本島であったか、或はチベットかイラン高原辺りであったか知らぬが、その頃其処に人類の精神内容に就ての瞑想思索を事とする聖人の集団があったと考えてよい。此の聖人達が人類の智性の全内容を明かにする為に、恰も今日の科学が自己完成のために過去数千年の歳月を要した如く、同じく数千年乃至数万年の長年月を検して、初めて三貴子の道理の体系を成就し得たのであつた。これが日本天皇の発祥であり、その哲人の集団が日本皇室の原型である。

大通智勝仏の成道の因縁は十方諸仏の本地の久遠を説かんとしたもので、即ちその本地とは伊邪那岐大神の思惟の過程に他ならぬことが了解される。その時四天王が仏を供養したとあるが、東方持国、南方増長、西方広目、北方多聞をアエウオと取る時、仏陀の滅度成道とは此の実在である風火空水の実相の内容の全的完結に他ならない。四天王はもとより咒文であり像法的象徴である。

また、同時にこの事は個人の成道滅度の過程を説いたものであって、すべての梵天王、四天王の内容実相を反省整理把握することが即ち滅度である。単なる四大の存在性を認得しただけでは、未だ初地の発菩提心であって究極の滅度ではない。禅の無門関でも此の大通智勝仏の成道を公案として取扱っているが、その取扱方は三菩提の究尽としての成道ではなくて諸法空相の体得と云う意味のものであると考えられる。

大通智勝仏には十六人の子がある。いづれも出家して沙弥となり、成道して仏となった。その名を阿閦…阿弥陀…等と云い、釈迦牟尼仏はその第十六番目に当たる。これ等の名も呪文であり像法的表現である。

認識の主体と客体とが結ばれて諸法の実相が現ずる。実相は非有である。主体（心）の気の律動と客体（物）の波動とがシンクロナイズ（感応同交）して結ばれた時起こる火花Funkが実相である。主体の律動を伊邪那岐と云う。十六名気の義である。客体の波動を伊邪那美と云う。十六波の義である。古事記は此の岐美二神の結びによって生ずる実相を三十二と説く。即ち二神の生みませる王子であり、即ち仏の色身の実相である。「言辞の相」に於ける摩尼を以て是を示すならば、それはアオウエの四母音とキシチニヒミイリの八父韻の結びによって生ずる三十二子音である。

智勝仏の十六王子の説はもとより歴史でもなく家系でもない。それは仏自体である認識の本体が主客に分れて、そこから十六、三十二、九十六と云う八の倍数である実相を生ずる形而上の消息を簡略して兕示した一端であると解する。釈迦牟尼仏は最終の十六番目の王子である。シャカは性（サカ・坂）でありムニは麻邇である。陀羅尼は世界共通語であるが各民族によって夫々の多少の訛りがはいっている。十六数に於いて万有の性である麻邇が出揃う。

若衆生　但聞一仏乗者　則不欲見仏　不欲親近
便作是念　仏道長遠　久受勤苦　乃可得成
仏知是心　怯弱下劣　以方便力　而於中道
爲止息故　説二涅槃

衆生は求道の途中で疲れて究極に至り得ず。如来ために中道に化城を設けて中休みさせる。疲倦がなくなった時、化城を滅して、究極の大城に向はしめる。化城は即ち二乗、二涅槃（有余涅槃、無余涅槃）である。衆生が此の二涅槃の境涯に住し得た時、仏は改めて次の如く説く。

汝所住地　近於仏慧　当観察寿量　所得涅槃
非眞実也　但是如来方便之力　於一仏乗
分別説三……爲仏一切智　当発大精進
汝証一切智　十力等仏法　具三十二相
乃是真実滅　諸仏之導師　爲息説涅槃
既知是息已　引入於仏慧

五百弟子授記品《ごひゃくでしじゅきほん》・授学無学人記品《じゅがくむがくにんきほん》

富楼那弥多羅尼子及び五百弟子、阿難、羅睺羅等に受記を行う。受記とは如来の神通によりて学人の過未現を洞察して祝福を与ふること。宗派神道にては「みたましらべ」と云う。旧約聖書に於いてヤコブが十二人の子に与へたる祝福の如きもこの類である。受記の当否は神通の程度によって差異がある。軽々に他人の「みたましらべ」を信ずる勿れ。本来自己の去来現は瞑想によって自明するものであって、他人に問ふを要しない。

四無礙智—如来の無礙弁

二食—法喜食　禅悦食

六神通—天眼　天耳　他心　漏尽　宿命　神足

三明—宿命　天眼　漏尽

八解脱—内有色相外観色　内無色相外観色　淨背捨　非有相非無相背捨受想背捨

仏法には半字の教へと卍（満）字の教へがある。両者には明瞭な区別がある。半字の教は畢竟六波羅蜜迄の所であって声聞縁覚菩薩の三乗のための心構への法である。心構へは容器である。修練によってこの容器が出来上がって無漏を得た時初めて仏は卍字の法を説く、卍字の法は仏陀自覚の中実であり三菩提であり神道である。右の諸神通は仏菩薩ののであるが半字の教として説かれてある自己修養の型である。

我等（五百羅漢）既に阿羅漢道を得て自ら滅度せりと謂ひ、資生艱難にして少きを得て足れりとなす。一切智の願猶在りて失せず…我今乃ち知んぬ、実に是れ菩薩なり。

羅漢道を以て満足して究極なりと思う者が多い。羅漢が一切智に通達する発願精進をして初めて菩薩である。その法を得て努力する時究極に初めて三菩提がある。

法師品《ほっしほん》

仏滅後に於て法華経を説く法師に対する注意を述べてある。

若し悪人有りて、不善の心を以て一劫の中に於いて、現に仏の前に於て常に仏を毀罵るせんは其罪尚軽し、若し人の悪言を以て在家出家の法華経を読誦する者を毀呰せんは其罪甚だ重し。

仏陀を罵倒する者はその人物を罵倒するに過ぎないが、法である法華経の読誦者を罵倒することは彼自ら即ち人類を罵倒することである。

我が所説の諸経、而も此経の中に於て法華最第一なり…我が所説の経典は已説、今説、当説あり。而も其中に於て此法華経は最も難信難解なり。此経は是れ諸仏の秘要の蔵なり。分布して妄りに人に授与すべからず。…一切の菩薩の阿耨多羅三藐三菩提は、皆此経に属せり。此経は方便の門を開きて、真実の相を示す。是法華経の蔵は深固幽遠にして、人の能く到ることなし。

教菩薩法、一切種智、三菩提の学の入門書として懇切丁寧を極めたるは法華経に過ぎるものはない。これが二乗三乗に取って難解難入であるのは自己内部の生命の自覚の学であるからであって、その為には先づ解脱の空相の把握を不可欠の前提とするからである。是経の中の譬諭、理論、象徴等に依て示された奥にすべての哲学形而上学すなはち人類智性究極の宝蔵が秘されてある。その宝蔵の内景は像法末法の歴史的期間中、若しくは像法末法の人に向って妄に開いて示してはならない。この故に聖徳太子も弘法、伝教、日蓮（三沢抄参照）も知って居乍ら説かなかったのであるが、今は既に末法転換の時であるから正法の「信」ある者に向っては顕はに説くべき時である。但し信なき者には説いてはならぬし、説いても判らない。

是経華経を説かんと欲せば……如来の室に入り、如来の衣を着、如来の座に坐して……広く斯経を説くべし。如来の室とは一切衆生の中の大慈悲心是なり、如来の衣とは柔和忍辱の心なり、如来の座とは一切法空是なり。是中に安住して、然る後不懈怠の心を以て……法華経を説くべし。

見宝塔品《けんほうとうほん》

仏教は仏教々団自体の為のみの仏教ではない。広く人類の為の仏教である。種智、三菩提の智慧は人類普遍の智慧であって、印度の仏陀だけの独特のものではない。広く一切智の覚者を称して梵語（陀羅尼）で仏陀と云うだけの事である

釈尊が法華経を説いた時、その前に塔が地より涌出した。経文は塔の色相を芸術的に粉飾してある。その宝塔の中に多宝如来が在まして、次の如く説かれている。

此の宝塔の中には如来の全身在す。過去東方に国あり、宝浄と名く。彼中に仏在す。多宝と曰う。其の佛……大誓願を作したまはく「我滅度の後、十方の国土に於て法華経

を説く処あらば、我が塔廟是経を聞かん為の故に、其前に涌現して、為に証明と作りて、讃じて善哉と云はん」

即ち多宝仏塔は如来（一切人間性の自覚）の全身であって、一切種智、阿耨多羅三藐三菩提を内容とする法華経が説かれる時には必ず其座に出現して、その真実の証明となり、若し誤り有らば其の偽を指摘する鏡となる所のものであるからそれは哲学的な如来の宝蔵、一切種智の基本原典とも云うべきものである。

この象徴として宝塔の形に荘厳される原典は実は形式的には古来広く東洋に於いて知られていて、易経は数と概念の組織を以て是を伝へ、もとより日本神道に於てもこれを咒文を以て教へてある所である。従来の人師論師がこれを如何に釈いているか全く知らないが、多宝塔として存在し得るものは是以外には有り得ない。その形を示そう。平面的に描かれてあるが、実際は円錐体又は球体である。（図表1、2参照）

これは河図、洛書と共に太極図と云はれる儒教の原典であって、あらゆる儒教の論議はこの原典に照して当否が決定される。またこれは「天津磐境」と云はれる神道の原典であって、岐美二神の宇宙創造の神事は此の原典に則り、この原典の展開として行はれるものであり、これを「天津神諸の命」と云う。河図、洛書は数を以てし、この太極図は概念を以てし、神道典（古事記）は神名を以てこれを示してあり、何れも広い意味での咒文である。此の咒文を咒文の侭に過去三千年我等東洋人は大切にこれを保存伝承して今日に及んでい

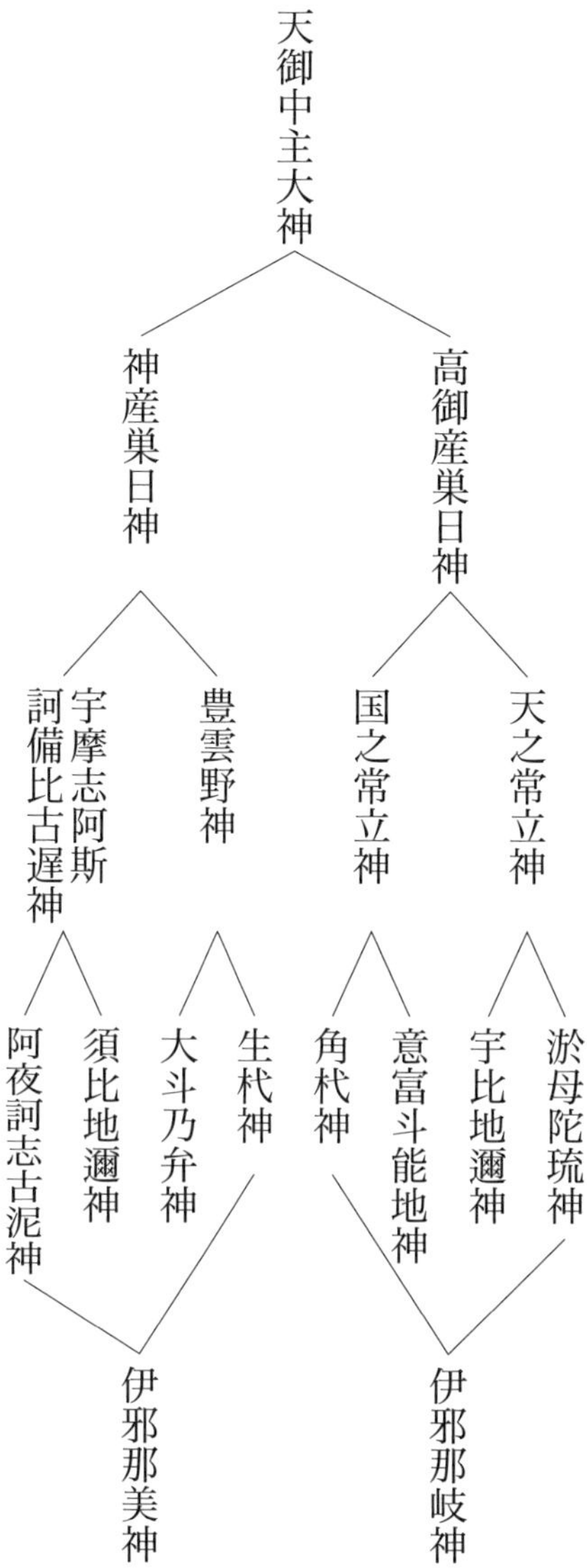

図表１．**多宝塔之図**

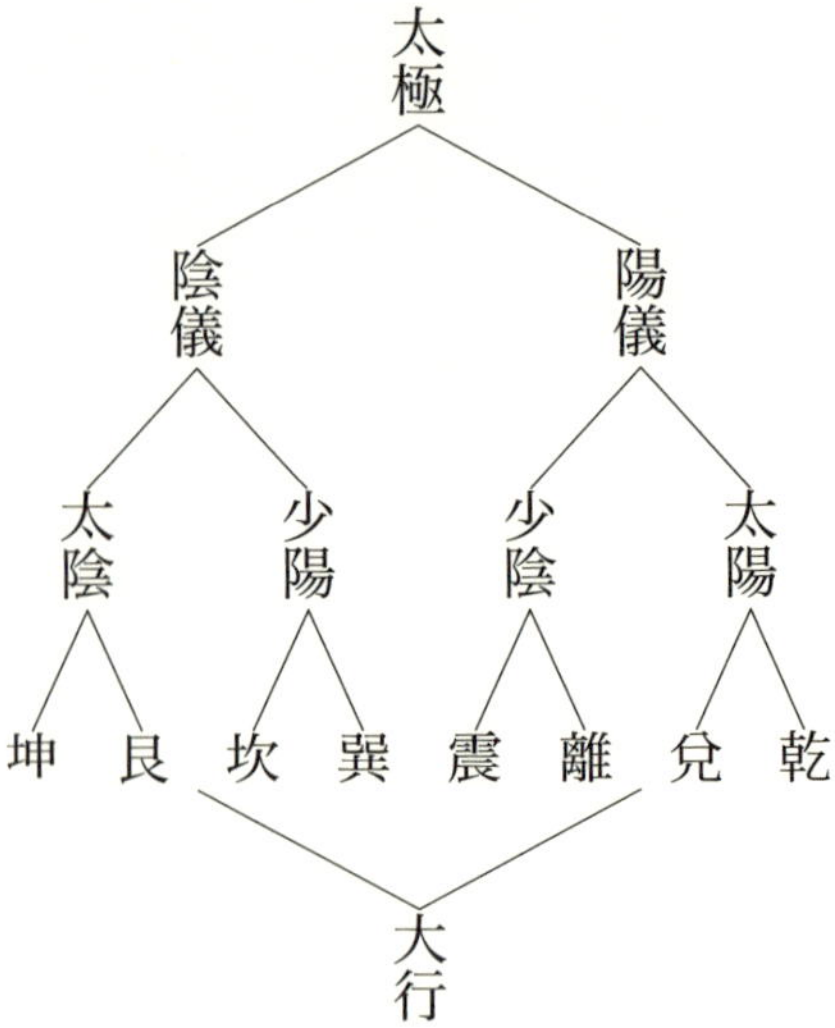

図表２．**大行之図**

る。

今この数と概念と神の咒文を釈いて多宝仏の色身を全人類に示し、その色身である摩尼宝珠（言霊）を展開披瀝して、これによって法華経の真実を証明し、その中に咒示されてある所を摩尼の実相に示し、更にキリスト教の律法とあらゆる哲学の概念を種智の相に還元して、人類の人間性が時処位を問はず久遠実乗のものである所以を永遠の過去と永遠の未来に向って「証明」する時が来たのである。今こそ此の多宝仏塔の出現の時である。
「吾は則ち天津神籬及び天津槃境を起し樹てて まさに皇孫のために斎いまつらん」と神勅に約束されてある時である。而してこの証明の全内容を三千年来人類が究明し得た科学原理に照合して、この精神界と物質界の原理を交互に証明し合って、精神でもなく物質でもなく、同時に精神でもあり物質でもある第三の文明原理を樹立することが人類刻下の急務であり、人類が真に神の子であり、同時に悪魔の力をも合目的の上に自由自在に駆使し得る仏陀であることを実証する聖業の時である。自己一身の感情利害の為に汲々とするのみで、三宝の名を開かず、神器の意義を考へず、右翼だ左翼だ、宗教だ科学だと旧めかしい過去の中途半端な末法の迷夢に今尚狂奔して居る輩は此の聖業に参加し得る資格はない。

若し我が宝塔、法華経を聴かんが為の故に、諸仏の前に出でん時、其れ我身を以て四衆に示さんと欲すること有らば、彼佛の分身の諸仏、十方世界に在して説法したまふを、盡く一切に還し集めて、然る後我身乃ち出現せんのみ。

妙法蓮華、一切種智、阿耨多羅三藐三菩提は右の如く多宝仏塔の展開であって、十方世界の諸仏悉く此の多宝仏の分身でないものはない。その十方世界の分身の諸仏とは敢て仏教と云う名の下に所謂法華経二十八品を説く者のみを指して仏なりと云うわけではない。

それ等十方の諸仏の説法は或は儒教であり、キリスト教であり、また回教でもあり、もとより神道でもあるのである。乃至またその他の古代近代の哲学形而上学でもあるわけである。而も是等の哲学宗教が発祥する人間の智性の原典であり基本であるものが多宝仏塔であるのであるから、逆に是等すべての哲学宗教は悉く多宝仏塔の展開であり運用である。

故に時到って此の多宝塔の実相を開示する場合は、これによって世界のすべての哲学宗教が「証明」されて善哉と讃嘆され、若しくは批判是正されることとなる。

この証明と批判は全世界の哲学宗教に対して同時に与えられなければならない。その為には是等哲学宗教の内容が同時に一処に於て同一方法を以て検討されなければならぬ。本会が仏教儒教キリスト教神道及びその他の神話哲学を同時一処に讃仰と開明の対象として取り扱ひつつある事を省れば、実に此の多宝仏によって予定され遺詔されている事態の実現に他ならない。

爾時、多宝仏、宝塔の中に於て半座を分ち、釈迦牟尼仏に与へて是言を作したまはく「釈迦牟尼仏此座に就きたまふべし」即時に釈迦牟尼仏、其塔の中に入り、其半座に座して結跏趺坐したまふ。

人智は判断を開始すれば必ずその刹那に陽儀（高御産巣日）と陰儀（神産巣日）の両儀に分れる。これを宇宙剖判と云う。これは何も天文学的乃至進化論的な過去の消息ではなくして即今日常の事実である。大和言葉ではワカル（理解・了解・判断）と口語のワカレル（剖判・分裂）とは同じ言葉である。両儀は霊・体であり、物・心であり、主体と客体である。その形相同じく、その動きの方向は相反する。この主体未剖のもしくは主観即客観の一枚の状態が事物の本体（天之御中主）であって、ハイデッガー等の所謂実存である。

多宝仏塔はこの陰陽剖判の基本原律を示している。

多宝仏は過去東方の仏、釈迦牟尼仏は西方の現代の仏。太古神代は精神時代、その後の現代は科学時代。時代によって仏自体（人間性）に変はりはないが、分担し指導する文化の内容が異って来る。多宝仏と釈迦牟尼仏が宝塔の座を分けて併立することは、その陰陽両儀を時代相に応じて分担するものと解する。陰陽両儀は人智の本性が然る限り永遠に両儀として対立する。その対立を対立のままに第三の原理として揚棄することが現代の人類に課せられた任務であり、その方法は宗教（一切種智）と科学との照合である。

提婆達多品《だいばだったほん》

時に仙人有り、来たりて王（釈迦の前身）に白して言わく「我大乗有りて、妙法蓮華経と名づく、苦し我に違はざれば当に爲に宣説すべし」、王、仏の言を聞きて歓喜踊躍し……法の爲の故に、精勤給侍して、乏しき所無からしめき……遂に成仏を得ることを致せり。

日本に次の如き文献が残っている。一応参考材料として揚げよう。

「鵜草葺不合七十代神心伝物部健天皇百七年、迦毘羅国王子釈迦来る。天皇、天越根主尊に命じ神道入門許可す。神幸神主尊亦の名を迦羅良仙人と云う。釈迦此の二尊の弟子となる。天皇詔して神幸神主尊を天竺の神に任じ、天竺に行かしむ。」

此の記録の真偽は知る所ではない。元来歴史は既に過去った事物の記録であって、その記録は必ず何等かの視野立場に於てものされたものであるから、記録がその侭真実そのものであるわけには行かぬ。また過去った事実をその侭に再び呼戻す方法はない。此の故に歴史を担ぎ廻はることは我等が採る立場ではない。歴史は歴史として棚上げして置いて、法の上に立って神道と仏教及びキリスト教、儒教の因縁と理法の関連を闡明して行くことが

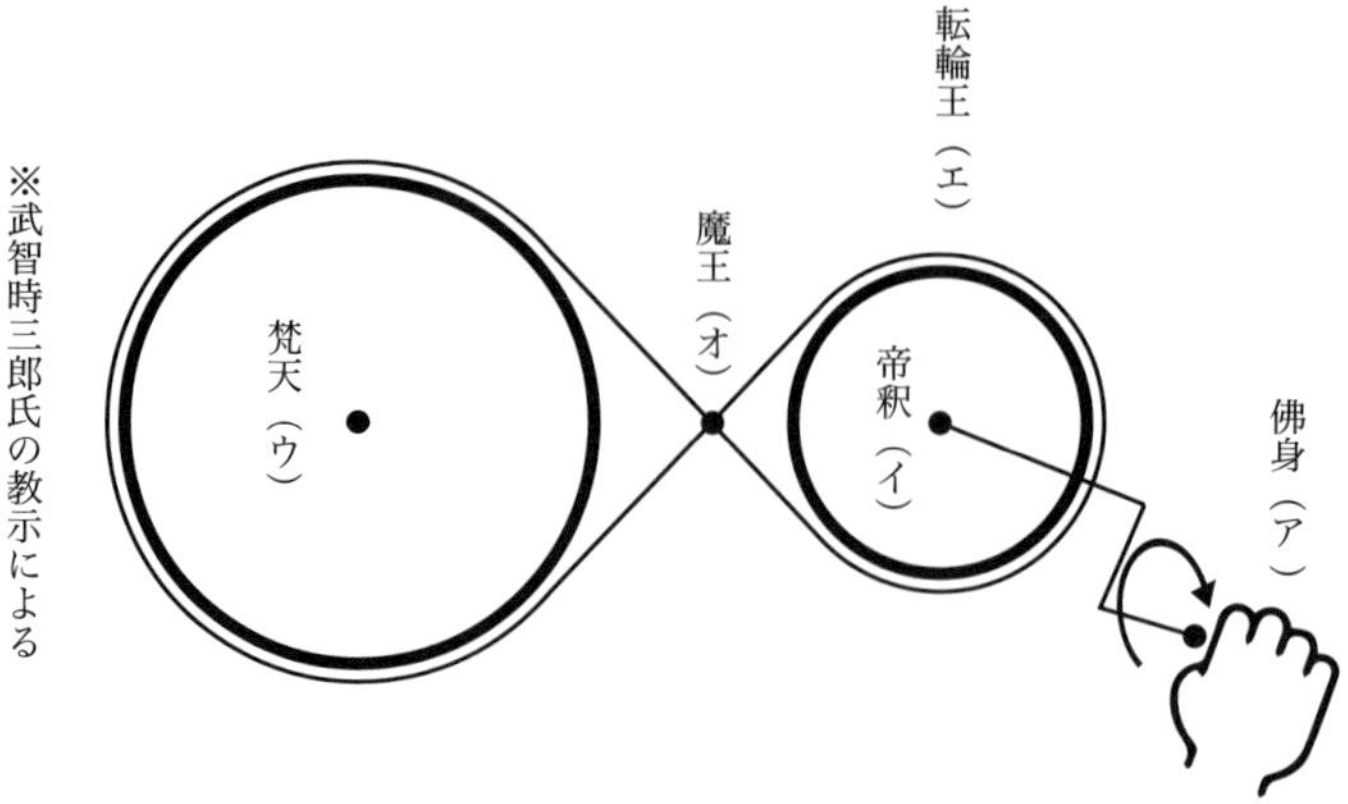

図表３．**転輪王之図**

我等の仕事である。法の上の証明がやがて歴史的事実の存在の可能性の裏付けとなるではあろうが、逆に歴史的記録は法の証明にはならない。事実は刻々に消滅する。ただ法のみが永遠の現在に生きる。

未来世の中に、若し善男子善女人有りて、妙法華経の提婆達多品を聞きて、浄心に信敬して疑惑を生ぜざらん者は地獄、餓鬼、畜生に堕ちずして十方の仏の前に生ぜん。

提婆達多品は方便品、見宝塔品、涌出品、寿量品と共に法華経の中で重要な部分である。それは摩尼宝珠（一切種智）の権威による八歳の竜女成仏の由来を説いているからであって、この成仏の法とその可能性に対する浄信あって初めて真の声聞、縁覚、菩薩である。

舎利佛、竜女に語りて言はく「汝、久しからずして無上道を得たりと謂へり、是事信じ難し、所以は何人。女身は垢穢にして、是れ法器に非ず、仏道は懸昿なり、無量劫を経て勤苦して行を積み、具に諸度を修して、然る後乃ち成ず。又女人の身には猶五障有り、一には梵天王と作ることを得ず、二には帝釈、三には魔王、四には転輪王、五には仏身なり。云何が速に成仏することを得ん。

印度でガンディーが絲車を廻はしていた。その後継者のネールは今も廻はしている。これは兕事である。世界のうちでこの転輪王のハンドルを把る者は誰かと云う問かけの謎である、この問かけに応じて起ち上る者がいよいよ現はれる時である。

梵天、帝釈、魔王、転輪王、仏身の五はアイオウエ（風地水空火）の五大であって、五大には支那の五行説に説かれる如く相生相剋の関係がある。糸車は此の五行相関の一様相を示すものである。五大は畢竟空であり、その空相の内容として把握する時、初めて五大の自在なる運用が出来る。

女人とは必ずしも所謂「女性」と云う意味とは限らぬが、女人は多く感情家で、思惟が容易に対象と結び付いて離れ難く、所謂煩悩が盛んで垢穢であるから、空相の把握である阿羅漢果を獲得し難い。従って空相に於ける五大の運用は不得手であるから法器ではない。成仏し難い。

然し斯うした女人（韋提希夫人）のために釈尊が特別な法門を開いたのが阿弥陀経（浄土三部経）であって、女人凡夫の立場から此の法門にすがって信心の決定（無礙光―諸法空相の体忍）に達した人が親鸞である。それは女人が自己を女人なりと観じ、凡夫が自己を凡夫なりと観じ、「久遠劫よりこのかた常に没して出離の桟なしと観ず」（教行信証）の思ひに轍し、キリスト教で云うならば自己が罪の子なりと云う自己究明の究極に於て、その女人そのまま、凡夫そのままの姿で無量寿の光りに生きることであり、罪の子そのままの姿で神に赦されることである。この点から考えると垢穢である女人の方が一見劫って容易に仏に廻り会へる観がある。故にこれを易行道と云う。然し易行道は結局化城諭品で説かれた二乗三乗の菩薩位までの道であって、本当の唯一大乗の仏道はこれから先にある。

爾時、竜女、一の宝珠あり、價値三千大千世界なり、持以って佛に上る。佛即ち之を受けたまふ。

無量寿の無礙光は宇宙に充満している一面の光りであり、エネルギーである。この無礙光の内容一つ一つを智性に於て把握したすべてが一切種智であり、これを摩尼宝珠と云う。それは主体である智性内容として自覚された全宇宙、すなはち人間精神として現はれた大自然の一切であるから、その價値は客観的な大宇宙に等しく、此の宝珠を以て全宇宙の一切を購うによろしい。これを價値三千大千世界と云う。日蓮はこれを「信は價（貨幣）の如く、解は貨（貨物）の如し」と説いている。

一切種智の摩尼宝珠の道は法華経にあって更に普門品、陀羅尼品、観普賢菩薩行法経に精しく咒示されてあるが、この道は日本国体神道の本義の教ふる所に依る時、八尺の勾玉（摩尼宝珠）を以て三貴子の原理（三菩提）を究尽するためには五十の言霊（真言、摩尼）を操作するに十数（十拳剣）の運用を以てすれば足りる。この故に八才の竜女、童女の成仏は必ずしも不可能な事ではなく、事実として嘗て有り得た事柄を釈尊は説いたのである。正に浄心に信敬して提婆達多品を読むべきである。若し此の竜女成仏の意義に対して一点の疑惑が有ったならば、仏道もキリスト教も、もとより神道も決して成就することがない。科学の救済は不可能であり、文明の解決は永遠に望み得ない。

勧持品《かんじほん》

諸菩薩が仏滅後の娑婆国に於いて法華経の勧持を誓う。

（一）諸の無智の人、悪口罵詈等し、及び刀杖を加ふる者あらん。

（二）悪世の中の比丘は、邪智にして心諂曲に、未だ得ざるを得たりと謂ひ、我慢の心充満せん。

（三）或は阿練若に、納衣して空閑に在りて、自ら真の道を行ずると謂ひて人間を軽賎する者有らん、利養に貪著するが故に、白衣の與に法を説きて、世に恭敬せらるること、六通の羅漢の如くならん。

増上慢の徒に三種類ある。俗衆増上慢、道門増上慢、借聖増上慢である、三類敵人と云う。末法の衆生は個人利益を説く借聖の似非宗教者の許に争って集まって奇怪な新興宗団を形成する。

是人（第三类）悪心を懐き、常に世俗の事を謂ひ、名を阿練若に仮りて、好みて我等の過を出さん、而も斯の如き言を作さん、此諸の比丘達は利養を貪るの為ての故に、外道の論議を説く、自ら此経典を作りて、世間の人を誑惑す。名聞を求むるを為ての故に、分別して是経を説くと……

我等が摩尼の学として皇道、仏教、キリスト教を説く時、宗教を職業とする者達から、奇怪な自己宣伝であると云う批評を度々耳にする。みずから自己宣伝を業とする者は他の真実の行をも自らと同じ自己宣伝としか見えない。彼等は自己を離脱した聖業が世界に存することを知らない。主観が主観の侭で普遍の純客観で有り得ること、人間が神の子である所以を悟らない。

安樂行品《あんらくぎょうほん》

釈尊は法華経を彼の時代の人の為よりも、むしろその後の正像末三千年の時代の衆生の為に遺して置くために説いた。ここにその末法の終りに成道すべき新たなる仏陀を養生する「教菩薩法」、すなはち一切種智、三菩提の道の入門書としての法華経の意義がある。仏滅後二千五百年の今日法華経はキリストの山上の垂訓、孔子の論語と同じく、説かれた日の侭に生き生きと通用する。法華経が必要な時は現代である。

本品は文殊師利の問に答へて、その後の悪世に於て法華経を説く者の心得、心構えとして菩薩の行処、親近処及び安楽行（口安楽、意安楽、誓願安楽）を説いている。この心得、心構えは菩薩の心の枠であって、その心構えが仏陀自覚の種智の中実であるわけではない。その心構えだけを以て而もその行に誇る者は既に増上慢であり、そうした行者のみを讃仰追求する衆生は真の仏道もキリスト教も乃至神道も信敬せざる徒である。

今日迄二千五百年間の宗教は、仏教でもキリスト教でも宗派神道でもすべて菩薩の宗教であった。此の長修の菩薩がいよいよ一切種智を究めて真仏に成道しなければならぬ時が今日である。菩薩では個人は救へても全世界は救ひ得ない。半字の法（行法）のみであって卍字（摩尼）の法がないからである。個人救済を事とする宗教団体は世界に無数にある。何れも立派な菩薩行ではあるが、それだけでは今日世界の動きに対して一指の指導だになし得ない現実と遊離した存在である。菩薩では今日の世界は救ひ得ない。

その故は主体の学である摩尼の対照として客観の学である科学が発達したからであり、且つその科学に立脚して運営される国家さへも出現したからであって、その科学と科学専制を以て経営される権力国家を救済し合理化するには、その科学的真理と対等相似形のものであり、科学が純客観界の学であるに対して純主観界の学であり、生命の自覚、自由自律の学である一切種智、摩尼の学の指導を以てしなければならないからである。

第一次世界大戦までの時期は人類が科学と科学的産業を以て一応その日の糧を獲得しながら、自己修練の菩薩の行法にいそしんでいた時代であった。即ち科学が人類の菩薩業に従属していた時代であった。科学が哲学宗教の奴婢であった時代であった。然し第二次大戦後の今日はこの情勢が顚倒して、資本主義と共産主義の何れたるとを問はず、科学と産業がそれを掌握する独自の権力と結び付いてその科学的法則と形式を以て逆に菩薩である所の人類の生命の自覚と自由と自律を拘束しつつある。ここに無限の自由と自主とを欲して止まぬ人類生命すなはち人類大衆の苦悶と抵抗がある。資本主義に対する勤労無産階級の反抗は此の大いなる歴史的文化的な、人間の本性に則った抵抗の変型に他ならない。
然し此の人類の歴史的世界的大問題に対して従前の宗教である菩薩としての行法は何等の権威をも示すことが出来ない。科学は既に広汎な体系を持った学としての法である。その法の世界を救済し生命あらしめるためには、学として成立しない主観内部の半字の行法を以てしても役に立たない。法として主観がみづからを脱却した純客観の世界に、云はば精練されたる精神科学とも云うべき卍字の法、一切種智の法、阿耨多羅三藐三菩提の法が存するのである。然しこの卍字の法は菩薩の行程を忠実に実践するに非れば獲得不可能のものである。この故に安楽行品は今日世界人が急速に履修卒業しなければならない菩薩修法の心得である。

菩薩摩訶薩は国王、王子、大臣、官長に親近せざれ……又声聞を求むる比丘、比丘尼、優婆塞、優婆夷に親近せざれ……

菩薩の修業は久遠実乗の内容である一切種智の正法を究めて、これによって全世界を指導救済することを目標とする神道の所謂天津神の修法である。然るに現存する国王、大臣、長官等は像法末法に於ける顛倒した相対世界（葦原中国）に在ってその時代の実際の運営を担当している人達、神道の所謂国津神である。若し菩薩が是等の機関もしくは人達に何等かの形で従属する姿を取るとしたら、それは既に正法の菩薩としての意義を失うものである。昔、ユダヤの予言者達は国王の権力の外に超然たる存在であった。支那の神仙は帝舜が位を禅ろう云う言葉を聞いて耳を洗ったと云う。諸法の空相に住して「無位の真人」たる権威を把持せぬ者は仏法の菩薩でもなければ、神道の命（尊）でもない。

菩薩摩訶薩は、一切の法を観ずるに空なり、如実相なり……虚空の如くにして、所有の性なし、一切の言語の道断え、生ぜず、出せず、起せず、名無く相無く、実に所有無し、無量、無辺、無礙、無障なり。但因縁を以て有り、顛倒によって生ず。故に説く、常に楽びて是の如き法相を観ぜよと……

有に執するを所有、所得と云う。宗教者に会って真の宗教者、菩薩であるや否やを見分ける簡単な法はその人が無所有無所得であるや否やを見る点にある。「我等救はれのために何を為すべきか」の問に対して、イエスは「持てるもののすべてを捨てて、十字架を負いて我に従へ」と厳然と宣言している。此の無所有（布施）と十字架（忍辱、持戒、精進）の波羅密を行じる者にして漸く自らクリスチャンなりと云うを得る。財産を捨て、爵位を捨てて漂泊の途次、ヤスヤナポリナヤの駅に老いたるトルストイは行き倒れて死んだ。その行動はさて置くとしても此の彼の決意こそ真のキリスト教徒の心であり、菩提を求むる仏道者の態度でなければならない。

物事が有ると観るのは元来有るのではない。と云って無いのではない。伊邪那岐・美二神である万有の因と縁、すなはち実在と識とが結ばれて実相を生じたものであって、即ち事物の如実相とは実在と知性が醸し出すところの「浅き夢みし酔ひもせず」と云はれる云はば仮の姿である。それを釈ければ元の空相に帰へる。空相とは宇宙に充満する無礙光であり無量寿光である。**I am what I am.**（我は我を有らしむる者なり）これが神（仏）の実体である。

転輪王の諸の兵衆の大切有る者を見て心甚だ歓喜して、此難信の珠の久しく髻中に在りて、妄りに人に与へざるを以て、而も今之を与へんが如し……賢聖の軍の五陰魔、煩悩魔、死魔と共に戦ふに大功勲ありて、三毒を滅し、三界を出で、魔綱を破するを見ては、爾時、如来、亦大いに歓喜して、此法華経の能く衆生をして一切智に至らしむる……所なるを、而も今之を説く、此法華経は諸の如来の等一の説、諸説の中に於て最甚深、諸仏如来の秘密蔵なり。

部下の将兵が諸国を降伏して功あり、王はこれ等に種々の珍宝を与へたが、髻中の明珠のみは中々与へず、最後にこれを与へる。この如く菩薩、阿羅漢があらゆる煩悩魔を降伏して、如来から先づ禅定、解脱、無漏、涅槃等の諸の法財を給はった後に、最後にこの仏陀の最奥の秘伝である一切智の法華経を伝授されるのである。一切の煩悩魔、三毒を克服した後初めて法華の伝授を受くる資格がある。と云うのは煩悩を解決して無漏解脱に住する者でなければ法華を受取る力が具備されないからである。

有漏である漏洩する容器に法水を注ぐことは出来ない。而も無漏に住する者と雖も三菩提に対すると浄信と素直さを以てみづから容器の口を開く者でなければ如来と雖も一切種智の自覚を伝へることが出来ぬ。神、仏、儒、耶、回教のすべてを通じて菩薩摩訶薩は仏滅後、或は日本的には神武維新以後今日まで二千五百年、ただ無漏解脱の法、すなはち自己自身の禊祓の法を修して来た。今こそ妙法三種の神器の一切智を授けられる時である。一切種智、三菩提の容器である心の扉をみづから開く法を神道では「壷切りの太刀」と云う。やがて天津日嗣（転輪聖王）の位に即くべき日本の皇太子がみづからの「まな壷」（真奈、摩尼の容物）を開くために用うる法器である。

従地涌出品《じゅうじゆじゅつほん》

法華経は勿論、キリスト教、儒教、神道の内容はすべて永遠に新らしい今（中今）の問題である。それは時間空間によって変化することなき天壌無窮、万世一系、久遠実乗である人間の根本性能に就ての原理であるからである。そのうち法華経には黙示録と同じく末法の終局が正法に転換する今日の時期に於ける菩薩の修業法とその正法への転換の順序仕組の一端が述べられてあるから、過去現在からこれを見る時予言的要素が多く含まれている。

爾時、他方国土の菩薩摩訶薩……仏に白して言さく「世尊、若し我等仏滅後に於て、此娑婆世界に在りて勤加精進して、是経典を護持……供養せんことを聴したまはば、当に此土に於て広く之を説きたてまつるべし」。爾時、仏諸の菩薩摩訶薩衆に告げたまはく「止みね、汝等が此経を護持せんことを須ひじ、所以は如何、我が娑婆世界には自ら六方恒河沙等の菩薩摩訶薩有り……是等諸人等能く我が滅後に於て……広く此経を説かん」。

この両者を他土の菩薩と本化の菩薩と云う。本化の菩薩とは次の寿量品で明かにせらる久遠実乗の釈迦牟尼仏に直接指導を受けた菩薩である。釈迦牟尼仏とは人間性の全局である一切種智の自覚体であり、その一切種智とは摩尼であり、その摩尼（智性の原素）の実相は哲学的な概念ではなく、直接「言辞の相」に於て言語の原素として表出されるものである時、斯の如き時間空間に共通な「仏陀用語」を自巳の精神の軌範とし、自巳の国語として修練を続けて来た広い意味での宗教団体的民族は、摩尼によって構成された独特の大和言葉によって悠久の年月を指導されて来た日本民族以外にはない。本化の菩薩衆とは斯の如き意義の集団と解すべきものであって、これに相当する事実は世界に我等日本民族以外に有り得ない。此の事は独断に見えようが、涅槃の意義、摩尼の実相、釈迦研学の歴史的経緯を了解すれば釈然とする。他民族は知らず、斯の如き本化の意義を聞いて納得出

来ぬ人は像法末法の徒で、正法の日本人ではない。（参考、陀羅尼と日本古代語の関係、釈氏一族と日本との歴史的、地理的関係）

仏是を説きたまふ時、娑婆世界の三千大千の国土、地皆震裂して、其中より無量千万億の菩薩摩訶薩有りて同時に涌出せり。是諸の菩薩は皆金色にして、三十二相、無量の光明あり、先より悉く此娑婆世界の下、此界の虚空の中に在りて住せり。

仏是を説きたまふ時とは二千五百年の昔の事ではない。永遠の今である。殊に歴史的には末法が正法に転換する現代の今日である。この時本化の諸菩薩が現社会の下部構造の虚空の中から出現して来る。末法時代に於ける社会の上部指導支配層は獣性である生存競争を以て人性とし人生とする顛倒想の者の占むる所であるから、菩薩の行処、親近処ではない。菩薩達は今生活的には此の社会の最下層の人知れぬ諸法空相の境涯に住して時を待っている。無量無数の菩薩達が一時に地を割って出現して来る。まことに限りなき壮観である。

而も釈尊説法の時に於けるこの出現の意義は、像法末法の時代に於ける法華経護持弘布のためであった。日蓮の時は奈良朝平安朝の像法の後を受けて、以後鎌倉時代以来今日に至るまでの末法の時代のために「南無妙法蓮華経」の題目を掲げて、末法の衆生をして来るべき時の目標を失なはしめざらんが為であった。今日の従地涌出が過去のそれ等と相違する所以は二千五百年の像末の歴史の終局として正法への転換のためであり、そのために法華の実相である一切種智と三菩提の内容を顕示して、これを全世界の政治と経済と、科学と芸術の上に実現せんが為である点にある。

仏陀を覚者とすれば菩薩はその弟子であり修業者であるが、仏陀を覚体、法体即ち神道の「神」と考へれば、観音、普賢等に於ける如く、菩薩は此の法の人間としての自覚者、即ち神道の「命」（尊）に当る。涌出の菩薩は此の後者としての意義のものであって、この故に悉く「金色」にして三十二相を具備している。金色とはカネの色、即ち神音、神名（摩尼、真言、陀羅尼）の咒示であり、寺院で衝く鏡もまた同じ意義のものと解される。金色とはまた黄色人種の謎でもあろうか。三十二相は一切種智の現実相、これを具現した菩薩は人間としての仏陀そのものの義である。

此の真の仏陀の活動体（命）として涌出する本化の菩薩衆は釈迦牟尼仏の本地に遡上って日本民族の中から出現する。これが歴史の必然であり、仏陀（神々）の予定計画である。仏教を限局された印度だけのものと解してはならぬ。世界の宗教は悉く歴史と由来と一切種智の上に連繫がある。釈尊は末法転換期に於ける日本民族の覚醒と活動に対する契約と計画の下に法華を説いてあることに気が付かねばならぬ。この事は黙示録を説いたキリストの場合に於ても同様である。

是菩薩衆の中に四導師有り、一をば上行、二をば無辺行、三をば浄行、四をば安立行と名く。是四菩薩は其衆の中に於て最もこれ上首唱導の師なり。

四菩薩は人間（命）としての活動体であり、過去に在ては「妙法蓮華経」の弘通のため、

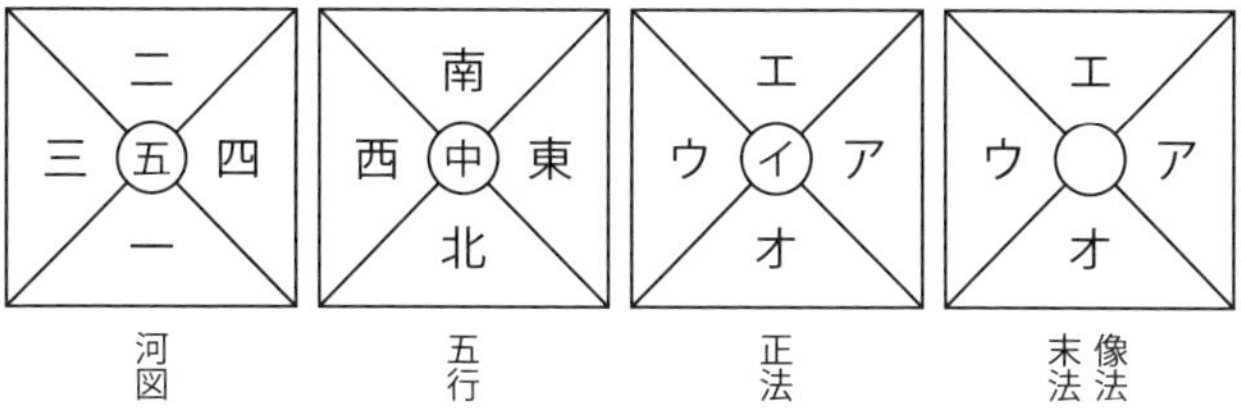

図表4. **河図洛書之図**

現代にあっては原理としての法華経を人類の文化、政治経済の上に実現するためのものであって、その部署に夫々の分担がある。その分担をその人の「ミコト」（命）と云う。儒教の天命の義である。分担は一切種智の内容の分担である。即ち上行はア（風）、無辺行はウ（空）、浄行はオ（水）、安立行はエまたはイ（火・土）の実現に任ずる。

元来一切種智には地水風火空の五大が揃はなければならない。従って正法実現の為の菩薩は五数でなければならぬ。これを「五佛同道」と云う。然るに釈尊が法華経説法の当時は、歴史が正法に転換する時ではなくして、太古神代の正法時代より逆に仏陀入涅槃、「白法隠没」に移る時代であったから、出現活動した菩薩はアオウエの四だけであった。この間四菩薩が四教の侭で世界の全局を担当して来たのが像法末法時代である。すべて以後この時代の哲学宗教はこの四要素を以てまかなはれている。そのうち欠除されているのはイである。而してその末法の終局に於てキリストの再臨として此のイを齎す者を黙示録では神の羔羊と云う。仏教では仏陀の下生として弥勒菩薩にこれが期待されている。即ちイは一切種智であり、布斗麻邇であり、妙法蓮華の実体であり、久遠実乗の釈迦牟尼仏である。このイ言霊すなはち儒教の易で云へば「五」の意義を説いたのが妙法蓮華経の眼目である。

阿逸多当に知るべし、是諸の大菩薩は、無数劫より来、仏の智慧を修習せり、悉く是れ我が所化として、大道心を発さしめたり……我伽耶城、菩提樹下に於て坐して、最正覚を成ずることを得て無上の法輪を転じ、爾して乃し之を教化して、初めて道心を発さしむ、今皆不退に住せり、悉く当に成仏することを得べし。

此の偈の中に同じことが二度繰返されて述べられてあるが、前の方は久遠実乗の釈迦牟尼仏の説法であり、後の方は悉多太子の後身である釈迦の説法である。その久遠実乗と入涅槃の意義を説いたのが次の寿量品である。

壽量品《じゅりょうほん》

如来の秘密神通の力を、一切世間の天人及び阿修羅は、皆今の釈迦牟尼仏、釈氏の宮を出でて、伽耶城を去ること遠からず。道場に坐して阿耨多羅三藐三菩提を得たりと謂へり。然るに善男子、我実に成仏して已来、無量無辺百千万億那由他劫なり。

「如来の秘密神通の力」とは人間の特殊能力を殊更に取出して云う如き場合の謂ではなくして、例へば「天地に先立って生ぜず、天地に後れて死せざる底の大神仙」(音勧坐禅儀)と云う意味に於ける普ねき人類の先天本具の性能一般のことである。釈迦牟尼仏とは本来の人間の謂であって、この人間本具の先天性は特殊なる修練によって後天的に獲得したものではなく、また獲得され得べきものでもない。と云っても修練しなければその性能は涅槃の状態で眠って居り、顛倒想で拘束されているから全面的には発現しない。

この性能を生命の主体である精神の側より自覚として観る時これを一切種智と云う。一切種智は永遠の過去より永遠の未来に亘って恒常不変のものである。これを久遠実乗と云ひ、天壌無窮、万世一系と云う。人類はこの一切種智の運用によってその独特の芸術である文明を創造する。

神道者が此の天壌無窮、万世一系の語を日本皇室の血統だけに結付けて、その存続繁栄を祝福する語と解しようとすることは、未だ真理に格らざる芸術的な民俗信仰であり、酷評すれば事大主義的言挙げである。この語を狭小に解してはならない。天壌無窮、万世一系の皇運とは本来世界人類の一切種智の恒常不変なる創造的活動の様相であって、この活動の正しき指導者を転輪聖王と云う。

この意義に科学的裏付けを与へよう。近代の生物学に於て、生物の性能はすべてその「種」に帰する所であり、而もその種の淵源はその生物の細胞の核の「染色体」に存することが明らかにされている。「瓜の蔓には茄子は成らぬ」と云うが、この「種」の意義を日本古語では「柿の種」なる語を以て示す。即ち柿の種の中には柿の幹も枝も根も葉も花も、次代の実さへも、レーチント、ライフの形で収められている。即ち柿の種は柿の全部であって、之を播けば永遠無窮に柿が生成して行く。この柿の種の根拠を顕微鏡下に発見したものが染色体であって、その染色体の始めである性染色体は人間に在っては男性四十七、女性四十八個と数へられる。

この生物学的、客観的現象としての「種」の根拠と、主体的、精神的な「一切種智」とはもとより密接な関係がなければならぬ。実は此の両者は同一事物を主観と客観とより見たる両面に他ならない。即ち一切種智とは人類の性染色体が精神としてみづからを自覚した内容に他ならない。染色体と摩尼とは数の上に一致している。この故にすべての生物はその生物学的な「種」に於て、即ちその宗教的な種智に於て本来久遠実乗のものである。生物学的「種」の起源を歴史的に求めたら無量無辺百千万億那由他劫の意義に近いものを得られるだろう。

この一切種智（摩尼）である人性のすべて（筑紫の日向の橘の小門の阿波岐原）は人間の智性の根本要素であるウ、オ、エ、（空水火）の三個のうちのいづれか一つを基準とする体系と展相に於て組織されることによって三個の典型的な範疇としてまとめられる。範疇とは仏教の曼荼羅であり、天の斑馬である。「禹、洪範九疇を造る」と云はれる種類のものである。

即ちウである実相の相対の相（葦原中国）に立脚して組織された範疇を須佐之男命と云う。オである悟性、経験智に立脚して組織された範疇を月読命と云う。そしてエである理性、叡智、槃若に立脚して組織された範疇を天照大御神と云う。これを三貴子（ミハシラノウヅミコ）と云う。三貴子の範疇は一切種智を摩尼（言霊）の相に於て把握運用するのでなければ、哲学的な概念などを以てしては構成不可能である。

人類が一切種智を運用して、合理合目的に文明を創造する場合に於て、此の三つの範疇の何れか一つの上に立脚して事を行はなければならない。而も此の三つは夫々別個のものではなくて、宇宙生命の空相実相の自覚体としてはもとより一つのものである。故に三即一であり、同時に一即三である。従来の仏教の世界の理論は知らぬが、阿耨多羅三藐三菩提とは即ちこの三貴子の体系展相を意味するものでなければならない。その他には有り得ない。この三貴子の三観（法身、報身、応用）こそ仏教が眼指している究極であり、キリスト教の神の子羊が再び地上に齎らすことを約束されている原理の実体であり、そしてこれが「言の葉の誠の道」（敷島の道）である神道の完成体である。神道に於ては更に此の三つに元の一切種智（伊邪那岐大神）を加へて四個を「祓戸四柱大神」と称する。

是より来、我常に此娑婆世界に在りて説法し教化す。亦余処の百千万億那由他阿僧祇の国に於ても衆生を導利す。諸の善男子、是中間に於て我燃灯仏と説き、又復其れ涅槃に入ると言ひき……如来は諸の衆生の小法を楽へる徳薄垢重の者を見て、是人の為に、我少くして出家し、阿耨多羅三藐三菩提を得たりと説く、然るに我実に成仏して已来久遠なること斯の如し。

宇宙の実体から生じた久遠実乗の本具の人間性である仏陀は常に人間の内に在って絶えざる説法と教化を続けている。「汝みづからを知れ」と。而もその我みづからとは我に於て不可知なもの未知のものではなくして、無量劫より以来、永遠の本来に亘って、それ以上でもなくそれ以下でもなく、それ以外でもなく、それ以内でもない完成せられたものである。それは一羽の雀が既に然る如く、一本の杉の樹が然る如く、同じく厳として完成せられたものである。ただ顛倒想の故に煩悩と執着の故に遮られて全局に通暁出来ないだけのことである。親鸞はこれを「心おさなき故に」（歎異抄）と云っている。肉体は少年期、青年期、壮年期と育って行くが精神はこれに伴はず、多く幼年期、少年期までの生育で霊肉片輪の一生を終る。その生育の段階すなはち全局に近づく段階が地獄、餓鬼、畜生……声聞、縁覚、菩薩、仏である。

茲に於て此の衆生の顛倒想、煩悩を救済せんが為にその全局の自覚に立った仏陀の活動が開始される。その始め高天原と云う法界の自覚内容である三種の神器（一切種智）と三貴子の原理（三菩提）を教伝せんがために初めて衆生の中に降り立った神聖なる集団の代表者の名を神道では仁仁杵命と云う。これは凡そ五千年から一万年ほど昔の事実であって、王子悉達多の後身である釈迦はまた斯の如き集団の伝統を受継だ自覚者、原理の把持者の一人に他ならぬ。

釈尊が出家修行して三菩提を得たりと説いたのは衆生の心となって、衆生を渇傾の鈎鉤によって導くために宗教団体として特定の教祖を定めて、これを信仰の目標とした所の仏教独特の方便に他ならない。釈尊もこれを小法を願う者のための方便だと云っているのであるから、何時までも此の方便に引かかっていると仏教の圏内に拘束されて世界の大局が見えない。

一切種智、三菩提は釈尊が創めて発見したわけのものではない。久遠実乗であり時間空間及び人種に共通普遍なる仏陀が釈迦として始めて出現したわけのものではない。彼以前の太古神代、全世界の諸仏如来、或は大通知勝仏、或は多宝仏等また悉く妙法蓮華経の把持者であり、釈迦もまたその伝統の一人であって、その一切種智と三菩提を教伝せんがために彼独特の方便を案出して仏教を創始したのである。この事はキリスト教、回教等に就ても同様であって、是等の諸宗教が所謂宗教としての旧来の方便と、教義、教団の古い殻を脱却して、神道と共に全人類共通普遍、永劫不滅不変の指導原理となるために、各々が此の久遠実乗である一切種智、三菩提の真義を明微把握しなければならぬ時が来た。

我仏を得てより来、経たる所の諸の劫数、無量百千万億載阿僧祇なり、常に法を説きて、無数億の衆生を教化して仏道に入らしむ、爾りしより来無量劫なり、衆生を度せんが為の故に、方便して涅槃を現ず。

「我、寒山に住してより、既に幾万載を経たる」とは永劫の「中今」を観じた菩薩の述懐であるが、無量阿僧祇劫に亘る一切種智、三菩提の実乗を述べた釈尊の此の説法は全世界の宗教々説中の最大の獅子吼であることを疑はぬ。釈尊なればこそ斯の如き言挙げをなし得たのであって、譬へば大雪山の秀麗を仰ぐ如き讃嘆と敬慕の念を禁じ得ないと共に、同時に我みづからの人間性の尊厳が泌と内に省みられる。

本具の人間性の久遠実乗はまさに斯の如きものであるが、然しその全局の自覚者である仏陀が久しく世に住すれば、衆生は却って仏陀を忘れる。尭舜長く世を治めれば民は悉く所謂「尭舜の民」となって尭舜のあることを忘れて、自己の向上を省みない。みづからより自己、よりよき社会の創造を思はない。太古神代は全世界を通じて斯の如くして聖者が実際の政策を担当していた叡智と道義の時代であった。然し斯の如き時代が永遠に持続されることは、選ばれた聖者、指導のみではなくして、世界人類全部の自覚滅度を究極の目的とする仏、菩薩、神々の活動の目的に却って相反することとなる。この故に太古神代の終りに当たって仏陀は入涅槃を現じて、民をして渇仰せしめ、自ら求めしめて、像法末法の時代に導いたのである。

この事はもとより印度に於けるのみでなく、凡そ三千年昔に於ける全世界共通の事態であって、これと略時を同じくして日本に於ては神武維新と及びその具現としての崇神朝に於ける「同床共殿廃止」が行はれた。神器を笠縫（伊勢）に奉遷したと云うことは、伊勢に秘め納めたことであり、即ちそれは神代の摩尼の政教を廃止したことである。これを「二度目の天の岩戸隠れ」と云う。また同じくその頃ユダヤの予言者の律法政治、支那の先王の結縄政治の場合に於ても略同様なことが起っている。

入涅槃の時代とは生身の仏陀が在さぬ時代であり、生身の仏が直接人類の政教を指導せぬ時代である。涅槃とは泥日即ち所謂粘土盤文字 Clay - tablet のこと、すなはち広く書物の義である。生身の覚者が死んですべて文字となって残ることが即ち入涅槃の意義である。この故に法華経も易経も乃至古事記も日本書紀もすべて太古神代の仏陀、神々、先王、予言者とその原理、律法が入涅槃した姿であって、その中には像法、末法の衆生の渇仰敬慕を導く方便として、その昔の仏陀神々等の原理、律法である一切種智（布斗麻邇）、三菩提（三貴子）の原理が咒文を以て、謎として、例へば数学の教科書に於て、未知数と方程式だけを示してこれを釈くことを学生自身の努力に任せてある形に於て残してあるのである。

斯の如き仏陀入涅槃、天の岩戸隠れ、即ち神代の道義律法政治の廃止にはいま一つの大きな目的があった。入涅槃によって人間内部の智性が暗黒となって見通しが利かなくなる。その智性は叡智によって道義として統卒されるものであるが、個人の心得の上にも社会政治経済の上にもその統卒が失われた時、世界は動物的な生存競争の修羅、畜生、地獄の様相を現出する。即ちこれを神道的に云うならば天照大御神（叡智）の岩戸隠れによって世は荒振る神である須佐之男命の領有する時代に入る。

生存競争の時代に於ては個人と部落と法人と民族と国家の何れを問はず、互に他と戦ってこれに勝つことが生存の必須条件である。その勝つための道は広い意味に於ける武器と技術の優秀性にある。換言すれば科学の優秀性にある。斯くて仏陀入涅槃以来二千五百年、人類は暗黒の斗争場裡に在って、互に科学技術を磨き合い乍ら今日に至った。その間数限りない冷熱の戦争、闘争を経過し、無数の悲惨なる犠牲者、犠牲民族国家を出したが、そうした犠牲のすべてを、即ちこれを悪なりとするならば、その悪なる過程のすべてを覆ひ償って余りある成果を人類の科学と技術が収め得て、今日科学は略完成の域に達し、産業は嘗て人類が経験したことのない盛大さに到達した。

嫉妬と報復と戦争と生存競争と云うすべて悪なる手段と経過を以て、斯の如き偉大なる善果を勝ち得た須佐之男命、すなはちエホバ、ヂュピターの功績に対して人類は最大の感謝を捧げなければならない。それと共にも早や是以上その悪なる手段を必要としない転換期が到来したことに対する適切な経論を行うべき時代となった。その経論とは云うまでもなく嘗て入涅槃した仏陀の下生であり、天の岩戸を再び開くことに他ならない。

而も実には滅度せず、常に此に住して法を説く……時に我及び衆僧、倶に霊鷲山に出づ、我時に衆生に語る。常に此に在りて滅せず、方便力を以ての故に滅不滅を現ず……阿僧祇劫に於て、常に霊鷲山、及び余の諸の住処に在り。

霊鷲山とは即ち此処であり、今であり「中今」である。久遠実乗の人間性たる如来は常に今此処に居て菩提を説き、菩提の究尽を勧めている。「汝みづからを知れ」と。如来の智慧は自然智であり無師智である。汝みづからを知るために汝みづからに問へ。**I am what I am.** と云はれるその初めの **I am** に問へ。これを自性説法と云う。問に応じ、求めに応じて答へて呉れる者を啓示（リヴェレーション）と云う。或は旧くは燃灯仏と云う。入涅槃の仏陀、岩戸隠れの神々を蘇返らす道は啓示以外にはないのである。

次にその答へを得た時鏡に照して更に真偽を検討するがよい。この事は諸の聖典に如何に記されていることであろうと、その鏡は即ち法華経であり、易経であり、黙示録であり古事記である。是によって是等の書物の教えの意義が釈けたならばその啓示が正しいことの証明である。次に此の時釈けた啓示を概念や象徴や比喩の侭で放置することなく、改めてこれを古事記に鑑みて神道独特の言霊すなはち摩尼と及び東洋古代哲学独特の数理の相に還元整理せよ。その還元整理が済んだ時その智慧は初めて永劫不滅の三菩提を構成する一切種智の内容としての一つ一つの摩尼宝珠でありその組織である。その摩尼の組織の完成が阿耨多羅三藐三菩提である。教菩薩法である妙法蓮華は斯の如くにして究尽する。

啓示を啓示のままで無証明に、ぶしつけに承認する者は縁覚（独覚）者である。これを諸の聖典に省みて証明を得る者は菩薩者であるが、然しそれだけでは猶半字の行法である。これを摩尼の相に還元し得た時初めて教菩薩の卍字の行法である。

衆生劫尽きて、大火に焼かるると見る時も、我が此土は安穏にして、天人常に充満せり。

他の者は暫く問はぬ、今は日本の皇室さへもが劫末の業火の焔の中に取り捲かれている。歴史的にも原理の上にも転輪聖王として天統の継承者であるべき天皇が、国民統合の象徴としての意義しか認められていない。而もその象徴も漸次ブルヂョアジーの傀儡に化さんとしつつある半面、それに比例して「天皇制打倒」の目標となりつつある。極めて憂慮すべき事態にあり乍ら、これに就いて日本の神道者はただ徒に右往左往するのみで、その間に未だ何等採るべき正しい法が見出されていない。

眼を閉ぢれば仏が見える。ピカリピカリと星の様に数限りなく光っていらっしゃる。過去だか現在だか未来だか知らない。眼を開けば菩薩が見える。会って直接話した人、講演を聞いた人、書物で読んだ人、何教、何宗であろうと、何哲学であることを問はぬ。誰が何処まで修業を積んだ菩薩であるか、生身の天人達の姿が見える。

分別功徳品《ぶんべつくどくほん》

法華経を弘通する功徳を分別し説く、我是如来の寿命長遠なるを説く時……無生法忍を得……聞持陀羅尼門を得……楽説無礙弁才を得……旋陀羅尼を得……能く不退の法輪を転ず……能く清浄法輪を転ず……阿耨多羅三藐三菩提を得……菩提心を発す。

無生法忍＝不生滅の真如法性を認識して決定安住する。聞持陀羅尼門＝真言を聞いて把持すること。旋陀羅尼＝真言を旋転運用すること。以上は一般の功徳であって、次に「能生一念信解」「解其言趣」「広聞是経」「深心信解」の仏陀在世中の四信の功徳と「起随喜心」「読誦受持」「能持是経、六度兼行」「六度正行」の仏滅後の弘経の功徳を明かにしてある。

若し善男子善女子有りて、三菩提の為の故に、五波羅密を行ぜん、檀（布施）尸羅（持戒）羼提（忍辱）毘梨耶（精進）禅（静慮）波羅密なり。般若波羅密をば除く。是の功徳を以て前の功徳に比ぶれば、百分、千分の百千万億分にして其一にも及ばず。

菩薩の行である六波羅密のうち特に槃若波羅密を分ける故は、前の五波羅密は菩薩心身の構え方であって、菩提を容れる容れ物の修業であり、最後の槃若波羅密はその容物に法を充実させる行である。即ち槃若波羅密とは宇宙の大自然に参与して、その啓示を受けて一切種智の内容と法則とを自己精神の自覚内容として結集整理することである。三菩提は斯の如くして究尽して行く。

我寿命の長遠なるを説くを聞きて、深心に信解せば、即ちこれ佛、常に耆闍崛山に在して、大菩薩衆の囲遶せると共に説法するを見、又此娑婆世界、其地瑠璃にして担然平生に、閻浮檀金、以て八道を界し、宝樹行列し、諸台桜観、皆悉く宝もて感じて、其菩薩衆咸く其中に処せるを見ん。

法華経の真諦は仏寿長遠、久遠実乗の事実を信解することにある。阿弥陀如来の住む極楽国土は「是を去ること遠からず」（観無量寿経）と教へらえるが、この他力の方便を転ずる時、この娑婆世界そのものが実は寂光の浄土である。我が住む家はその侭諸台桜観であり、我が行く山野は悉く瑠璃担然の地であり、其処に住む人々悉く本来菩薩ならざるはない。

「千早や振る神を今見る心地して会う人ごとのなつかしきかな」（櫻山人）である。何故ならば本来山河草木も人間も、大自然の完成としての久遠実乗のものであり、その人間の所産である文明もまた、その大自然が人間を通じての第二次的なる懸命の創作であるからである。ただ衆生の心が顛倒し、魂が幼稚で、「眼に梁木がある」（マタイ伝）がために此の本来の世界が見えず、此の世界に住むことが出来ない。

随《ずい》喜《き》功《く》徳《どく》品《ほん》

法華経を聞いて随喜して、これを他に伝へる。その伝へられた人がまた他に伝へて展転して第五十に至った時、その第五十番目の人の随喜功徳は、阿羅漢道を得て、禅定、八解脱に住せしむることの功徳に優ること百千億倍なることを説く。

法華経は像法末法三千年間に正法の伝統を信の形、宗教の形、すなはち咒示の形で持続せんがために釈尊が説き残して置いたものである。この伝統が断滅するならば、末法の完了に際して再び正法に還へる時に当って、世界はその帰へる所を見出し得ないこととなる。その末法の時代の初めに当って日蓮はみづから上行菩薩（言霊ア）なりと宣して、末法の形に於て「妙法」の題目を掲げて帰衣法の目標を示して、その弘経持続を図った。

当時は特に法然、親鸞の念仏と、道元の禅が世界を風靡していた頃であった。若し此時日蓮の蹶起がなかったならば、世の悉くが彼の所謂「念佛無間」の世界に随して、日本人の悉くが挙げて極楽浄土に行ってしまったか、若しくは「禅天魔」と云はれる辟支仏の境涯に満足して、一切智、三菩提である正法の存在と意義を忘失してしまったかも知れない。彼の「南無妙法蓮華経」の題目は実は「南無阿弥佛」の念仏と意義を一つにする末法の方便ではある。然しその方便の題目は五百年後の正法転換への種蒔きであり準備であった。今その方便の題目が題目の意義を完了する時となった。換言すれば題目が題目だけで事足りていた時代は終った。この事を更に遡上って考へれば遠く釈尊が法華経の弘通存続を図ったことの意義が完了する末法終局の時となったのである。今正にその題目を開き法華の秘鑰を開いて、その内容である正身具体の一切種智、三菩提を顕はすべき正法出現の時である。その正法の実体である「本門戒壇」は法華経の参道を詣でて神道の天の岩戸の内部に分け入るに非れば建立不可能のものである。

天台、日蓮の遺鉢を受けて随喜信受の末法の形で法華経弘布に専心している宗教団体が多い。是等各種の教団が従来の末法的指導と経営を卒業して、その教団成立の現実的根拠である「化城」を後に勇躍再出発して、究極の唯一仏乗である一切種智と三菩提の具現のために、国家と世界を立地として大同団結しなければならぬ時である。釈迦、日蓮の教説は像末の時代のための法華護持存続が目的であった。その像法末法のための宗教形式を正法復帰の今日以後も猶その侭に反復踏襲していることは歴史に対しての停頓であり、その必然に対する逆行である。如来の真意は其処には存しない。神道やキリスト教が依然末法入涅槃、岩戸隠れの雲深く閉ざされていて、旧いドグマから容易には抜け出せそうに見えぬ今日、何よりも先づ是等法華弘経の諸教団の覚醒奮起を期待したい。

法師功徳品《ほうしくどくほん》

像法末法に於て法華経を信奉受持解脱する法師の功徳を述べてある。釈尊の法華経宣布の目的は来るべき末法終了、正法還元の時期に至る間に菩薩としての心身及び生活、即ち菩提の容器を整へて置くことにある。時至って仏陀の下生、天の岩戸開きと共にその清浄の菩薩の上に普ねく一切種智の全貌が実現することとなる。その時の一切種智、三菩提はも早や二十八品の法華経には非ず。自然智であり無師智である人間本具の久遠実乗の妙法蓮華、佛所護念である。

然しそれ迄の仏陀入涅槃の像末の世の間は此の法華経を帰依の対象として、自己研鑽の鏡として経文の弘布と護持に精進する。これが法師である。同じ意味に於てキリストの再臨に至る間に聖書を護持し弘布して、我人共にキリストを迎へるに応はしき心身の容器を整へる者が牧師である。

茲に云う法師の功徳は信受の功徳であり、眼耳鼻舌身意の六根清浄の功徳である。

若し善男子善女人、是法華経を受持し、若は読み、若は誦し、若は解脱し、若は書写せん。是人は当に八百の眼の功徳、千二百の耳の功徳、八百の鼻の功徳、千二百の舌の功徳、八百の身の功徳、千二百の意の功徳を得べし。是功徳を以て六根を荘厳して、皆清浄ならしめん。未だ天眼を得ずと雖も、肉眼の力是の如くならん。未だ天耳を得ずと雖も、但所生の耳を用ふるに、功徳既に是の如くならん、未だ菩薩のは先づ此鼻の相を得ん。諸仏及び弟子、其説法の音を聞きて、常に念じて守護し、或時は為に身を現じたまはん。未だ無漏法性の妙身を得ずと雖も、清浄の常の体を以て、一切中に現ぜん。此人の所説有るは、皆是れ先仏の法ならん……未だ無漏を得ずと雖も、先づ是の如きの相有らん。

経文には功徳の内容が仔細に述べられてある。それは信仰の上に立ってすべての判断の根拠を此の経文の上に置く声聞者の浄信の功徳であるが、宗教経験の上から云うならば此の功徳は所謂信仰の奇蹟であり、霊感と云はれているものである。敢て法華経であると聖書であるとを問はぬ、無所畏の浄信を以てこれを受持説法し、若しくはその他の修法を行ずる時、従前の自己の能力経験を超越する奇瑞に会ひ、若しくは特異の能力を発揮して、而もみづからそれが何故であるか判らない。それが判らず不随意のものであるから、奇蹟と思って特別なものとして有難がるのだが、無漏の法性の上から見る時、斯うした事は何も特殊な現象ではなくして、当然のことに過ぎない。然し信仰の上から見るならば明かにその功徳である。

斯うした奇蹟を何回となく経験して後その経験の虜はれから脱却して初めて信心の決定を得て、無漏の法身を識るのであるが、その途中に於てそうした経験が得て増上慢の原因となる。親鸞が「本願ぼこり（誇り）」と云ったのも此の消息である。「俺はクリスチャンだ、罪の子だ」と威張っている牧師があるが、罪の子ならば片隅に居て赦されのために祈っていなければならない。修業の途中の六根の心象に引かかって其処に停滞してはいけない。明悟は六根の認識を絶し、而も六根の象とて証せらるる所に存する。そうした心象のすべてが久遠実乗の人間の性能の内容であることの理法を把握することが一切種智の把握である。

常不軽菩薩品《じょうふきょうぼさつほん》

爾時、一人の菩薩比丘有り、常不軽と名く、此比丘凡そ見る所有る比丘、比丘尼……

を礼拝し、讃歎して是言を作さく「我深く汝等を敬う、敢て軽慢せず、所以は如何ん。汝等皆菩薩の道を行じて、当に作仏することを得べし」之を号して常不軽と号く。

人生の目的は自分自身の完成と世界の完成にある。ここに人類生命の必然がある。これを菩薩行と云ひ、如来の本願と云ふ。各々がそれを欲すると欲せざると、それを努むると努めざるとに拘らず、歴史の必然は其処に向っている。即ち自然法爾と云ふ。此の自然法爾はそれ自体のみでおのづからに廻はっているだけではない。

実際の歴史に於けるその必然は、仏陀入涅槃以後、天の岩戸閉鎖以後の短期間の像法末法時代の歴史を研究しただけでは判らない。凡そ三千年を遡った此の全世界共通の入涅槃の時期を越えて、歴史的と同時に哲学的に太古神代の内容、即ち天の岩戸の内部に分け入る時、初めて世界の歴史、人類の文化が此の生命の必然に則った計画と意図と目的の下に運営されていることが明瞭になる。これを神の摂理と云ふ。神の摂理は文化的意味に於ては悉く人の経綸である。全世界を無量劫に向って経綸している者を転輪聖王と云ふ。一切種智に立って三菩提を現実の上に運用指導している者である。日本人はこれを我が皇祖皇宗と云ふ。

この自然法爾とこれを促進誘導する神、すなはち自然なる神と文化なる神の二つの神の経綸によって、すべての人間はいづれ成仏し、人類社会は間もなく地上天国として完成する。凡そこの必然に叛戻することを悪と云う。その必然に順応することを弁へぬ幼稚なる魂の所行が悪である。斯うしては悪いと云うことを気が付くために悪は存在する。悪は生長の過程である。幼児は火に指先を焼いて初めて火の熱さを知る。火の中に指を入れることが悪である。現在の世界の指導者達は原子力戦争を実際にやってみなければ原子火の熱さを自覚出来ない様な幼稚な存在であるだろうか。悪は自覚のための仮の姿だ、悪は悪がなくなるために存在する。蝶が脱ぎ捨てた蛹の殻の如きものだ。昆虫には肉体的な変態（メタモルフォーゼ）があるが、人間にも精神的な変態がある。その変態の段階の一つを解脱と云ひ蝉脱と云う。

斯くして生命の必然に則って、哲学的にも歴史的にも一切衆生の魂はその自己本来の先天後天の全内容（一切種智）を充実発揮完成するために悠々として生長して行く、文明は澎湃として成熟して行く。これを弥陀の本願と云う。「我が皇祖皇宗国を肇むること広遠に、徳を樹つること深厚なり」と云うのである。宗教的又は国民的信仰としての架空の表象ではない。すべて実際の事実である。この経綸は今現に永劫の未来に向って行なはれつつある。すべての人間はその個体と世代を通じ、同志知友を通じ、或は広くいづれ正しき人が正しく運用すべき国際会議を通じてやがて必ず成仏し、人類社会は必ず完成する。まこと「弥陀の本願を妨ぐる程の悪なきが故に」（歎異抄）である。何者もこれに抗することは出来ない。これに抵抗しこれに違反することはこれに随ふべきことを知る道以外の何物でもない。

如来神力品《にょらいじんりきほん》

爾時、世尊、文殊師利等の無量百千万億の旧住娑婆世界の菩薩摩訶薩及び……一切衆生の前に於て大神力を現じたまふ。

釈尊が法華経を説いた所以は仏滅後の像法末法三千年の期間に於て此経を護持弘布し、此経を以て此期間に於ける一切の指導原理とし、これによってその期間の秩序を維持し、一切の衆生の修業の目標とし鑑とし、以て再び来るべき正法を待つためである。まこと像末の世の一切は此の経によって護持されて今日に及んだ。

斯の如き意義と目的に於てその昔世界に宣布された教典はただに法華経だけに止まったわけではない。同じく東洋に於ける老経、易経、論語然り、またキリストの山上の垂訓、黙示録、もとより古事記、日本書紀、大祓祝詞等の諸文献は悉く同一意義と同一目的の下に異る場所と民族の上に説いて置かれた聖典である。それはその初め是等が宣布されるに当って、唯一共通の原理と淵源と意図と計画から出発したものであって、是等の聖典の悉くは、用語の相違とその後の附加物の相違を超越して原典の生粋の内容を汲む時、同一の方法、同一の方便を以て構成されていることが明かにされる。まこと過去三千年乃至二千年の像末の時代は是等聖典の功徳によって護持され経綸されて来たのであった。

如来の「大神力」とはさきに寿量品に説かれた「如来秘密神通の力」に他ならぬ。即ち仏教語を以てこれを云へば一切種智、阿耨多羅三藐三菩提のことばである。世界のすべての聖典は此の大神力である。人間本具の精神的性能の全局の意義と内容とを像法末法の形態に於て、その像法末法の時代を通じて、その末法の期間が終了の時に至るまで護持継続するためのものであった。その像法末法の形態と云うのは一切智、三菩提の実相を顕示することなく、これを咒示、黙示あるひは数式等の形に於て教伝することである。それは此の咒示、黙示をみづから開明することを究極の目標として、その間に衆生をして菩薩としての心身の行、即ち六波羅蜜を習得せしめ、種智の内容を六神通等としてあらかじめ体験の上で認識させる為であった。いま釈尊が初めて此の法華経を説法宣布するに当って、寿量品に於て如来の実体の永遠性を説いた後を受けて、その実体である「秘密神通の力」を具体的に元現し、兼ねてその後三千年間に亘る護持弘布の状況を予報し祝福した祭事とも云うべきが此の神力品である。

広長舌を出して上梵世に至らしめ、一切の手孔より無量無数色の光を放ちて皆悉く遍く十方世界を照らしたまふ。

広長舌とは雄大微妙なる説法のことではあるが、文字通り広く長い舌と解してよい。広は空間、長は時間である。如来の神力は摩尼である一切種智の活動である。摩尼は言語として表現運用される。その言語を発音する器官は主として舌である。「天の沼矛（舌）を以て塩こをろこをろに掻きなして」（古事記）とある所のものである。然し舌はもとよりそれだけが独り勝手に活らくものではなくて、舌を活らかせるものは智性であり、智性が摩尼である。此の摩尼（理念）と言語が一貫して密接不離の関連に於て活動することが即ち「白法」である。白法とは直接の言語（音）を以て摩尼を表現運用する法であって、これをキリスト教では「初めに言葉あり、言葉は神と共にあり、言葉は神なりき」（ヨハネ福音書）と説く。神道ではこれを「言の葉の誠の道」と云う。即ち神道の実体である。白法は真理を表現するに哲学的概念や比喩や咒文を用いない。仏教もキリスト教も嘗て隠没したと云はれている此の「白法」に於て初めて一致する。これが「妙法蓮華　佛所護念」の実体である。

「一切の毛孔より無量無数色の光を放ち」の一節は更に観普賢菩薩行法経に於て精しく説かれている。即ち「其蓮華台は大摩尼なり。一の菩薩有りて結跏趺坐す。名を普賢と曰ふ。身は白玉の色にして、五十種の光あり、光ごとに五十種の色あり、以て頂の光となせり、身の諸の手孔より金光を流出す」とある所で、五十の光と色とは摩尼のエネルギーであり色相である。これを三十二相とも数へる。三十二または五十は一切種智である精神原素であって、これが無限に組合はされて無限に複雑なる無量無数色の人間の精神現象を現ずる。この智慧相は主体としての精神に現はれた大自然の一切であって、これによって人間は普ねく十方世界を照して通達無礙である。即ちこれを価値三千大千世界の摩尼宝珠と云う。

釈迦牟尼仏及び宝樹の下の諸仏、神力を現じたまふ時百千歳を満ず、而して後に還りて舌相を摂めて、一時に謦欬し、倶兵に弾指したまふ。是二つの音声、遍ねく十方諸仏の世界に至りて、地皆六種に震動す。

百千歳とは正像三千年のうち正法（白法）時代の千年間を指すものと釈こう。此の千年の間太古神代の如来の広長舌は猶或程度まで実際に行はれていた。日本でも神代の道は神武維新より崇神朝に至る五百年間は政治の上に用ひられていた。印度に於ては仏滅後の阿育王の経典結集までの五百年間が此の期間と思はれる。日本の古事記、日本書紀の編算が「言葉の道」の啓発のためになされたのではなく、その道の岩戸隠れ、即ち隠匿のためになされたものである如く、阿育王の結集も或は実は「白法」としての仏道の隠没のための操作として行はれたものではあるまいか。

謦欬と弾指とは神道の何に当るかまだ見付からない。謦欬は言霊ンに当るものだろうか、弾指は指を以て数へる摩尼の数理と取るべきだろうか。以上の大神力の一切を「空相」の上に観ずる時、それは地水風火空・法（母音イオアエウ・ワ）であり、これを六種震動と云う。

「如来の十神力」と云う場合は以上の五つである「吐長舌相」「通身放光」「謦欬」「弾指」「六種震動」と共にその次の「普見大会」「空中唱声」「咸皆帰命」「遙散諸仏」「同一仏土」の五が挙げられている。このうち秘密神通の力である摩尼の功能は第五の六種震動の所までで、あとの五はその祝福と取ってよい。最後の第十の「時に十方世界通達無礙にして一佛土の如し」とあるは「初め天地は一つの言葉、一つの音のみなりき」（創世紀）とあることと符合するものであって、太古神代即ち正法時代に於ける全世界の様相であると共に、これは三千年の正像末の期間を経過して再び正法に還った時の世界相の予言でもある。

爾時、佛、上行等の菩薩大衆に告げたまはく「諸仏の神力は是の如く無量無辺不可思議なり……嘱累の為の故に、此経の功徳を説くとも、猶尽すこと能はず、要を以て之を言はば、如来の一切の所有の法、如来の一切の自在の神力、如来の一切の秘密の蔵、如来の一切の甚深の事、皆此経に於て宣示顕説す。

釈尊は像末の世の指導を上行を首めとする諸菩薩に遺嘱するために法華経を説いた。もとより此の中には一切の法が含まれているが、然しその法は像法末法としての法であって、正法すなはち久遠実乗の仏陀自覚の実体はその入涅槃と共に滅度した姿になっている。故に像末の時代に於ては此の経によって像末の世に必要な一切の修業法の指導を受くるによい。然し愈々正法還元の時に当っては、此の法華経の中に像法末法の法として説き示されてある所を基礎として、その咒文と概念が示している所を更により深くみづから掘り下げて、これを正法即ち仏陀在世の法に蘇生転換せしめなければならぬ。像末の法は仏入涅槃の姿であって、その像末の法の中から仏陀を、換言すれば救世原理としてのイエス・キリストを再び生身具体のものに蘇返らしめることが、我等刻下緊急の為事である。

上行等の四菩薩に仏陀が遺嘱した此の法華経は像法末法に於ける護持弘経のためであった。この故に特にその首長として上行菩薩の名が挙げられている。

斯人世間に行じて、能く衆生の闇を滅し、無量の菩薩をして、畢意じて一乗に住せしめん。

斯人とは上行菩薩を指す。日蓮はみづから上行菩薩なりと宣言している。即ち末法の菩薩である。四菩薩はアオウエの四大であり、そのうち上行はアである。アは至純の信仰である。「南無阿弥陀佛」もアであり「南無妙法蓮華経」も同じくアである。いづれも同じき「阿字本不生」である。然らば此のアである上行等の四菩薩の指導の下に像末の衆生は、その期間に於て何を修業しなければならないか。

汝等如来の滅後に於て、応当に一心に受持、読誦……説の如く修業すべし、所在の国土……経巻所住の処に……皆塔を起てて供養すべし、是処は即ち是道場なりに……諸仏此に於て三菩提を得、般涅槃したまふ。

所在の国土、所在の場所がその道場である。諸君の今居る町、今居る家、今従事している職業がこの道場である。「大凡当処を離れず、豈修業の脚頭を須ひん」（普勧坐禅儀）と云はれる。其処にみづからの「法界の塔婆」を建てて、一心にこれを供養すべきである。法界の塔婆とは菩提樹である。須く菩提樹を植えてこれに培うべきである。塔婆とは諸法空相であり、地水風火空の五大である。瑞巌はこれを「主人公」と称し、倶胝は一指を立ててこれを示した。神道ではこれを「天の御柱」と云う。一切種智、阿耨多羅三藐三菩提は、その塔婆の下に、塔婆の内容として荘厳され究尽せられる。其処に成道すべき諸仏とは諸君みづから、我みづからである。

嘱累品《ぞくるいほん》

釈尊は菩薩摩訶薩の頂を三度擦でて、仏滅後に於ける法華経の流布を遺嘱した。

若し善男子、善女人有りて、如来の智慧を信ぜん者には、当に為に此法華経を演説して、聞知することを得しむべし……若し衆生有りて、信受せざらん者には、当に如来の余の深法の中に於て示教利喜すべし。

法華経は人間本具の一切種智の指導書である。人間智性の本来の通達無礙を信じて邁らにその中に突入しようとする者に対して法華経を説き聞かせるものであって、予め此の信念と決意の上に立脚しない者に対してはまた他の方便の諸経がある。浄土三部経然りであり、また敢て仏教典のみならず、世界のすべての聖典また悉く如来者の示教でないものはない。

爾時、釈迦牟尼仏、十方より来りたまへる諸の分身の仏をして、各本土に還らしめんとして、暴言を作したまはく「諸佛各所安に随ひたまへ、多宝仏塔還りて故の如くしたまふべし」。

寿量品の宣言と神力品の示現によって妙法蓮華の全貌を明かになし得たから、これで多宝仏塔の証明が終り、多宝仏の「善き哉」と云う講評批判が終ったわけである。

所で世界に斯うした「塔」と云う幾何学的な形態に象徴組織される一切種智の洪範が次の如く三種類ある。その第一は前述の「法界の塔婆」であって、これは諸法空想の全体を示すところの地水風火空（イオアエウ）をあらはす最も簡単なものである。所謂「五重の塔」である。供養に用ふる一本の白木の棒でもある。神道ではこれを「天之御柱、国之御柱」或は「忌柱」「天之比登都柱」と云う。「陰陽変通の本基、諸神化生の心台なり」（豊受大神官御鎮座本紀―神道五部書）と記されてある。

第二は多宝仏塔であって、易の太極図を立体的にしたもの、神道の「天津磐境」である。これは諸法空想から諸法実相が未だ顕現せざる以前の先天（先験）及びその顕現のための智的契機（モーメント）の様相であって、「天津神諸の命」と云はれる所のものである。印度や泰国に於ける仏塔（パコダ）がその象徴と思はれる。

第三は以上の諸法空想、諸法実相、先天、契機、後天のすべてを組織した完成された体系展相を示すもので、即ち阿耨多羅三藐三菩提の組織である。仏説の須弥山これに当る。これを幾何学的に正確にあらはしたものがエヂプトのピラミッドであり、或はスメル帝国や古代インカ帝国の遺蹟に存するチクラット Ziggurat である。神道に於てはこれを「高千穂の奇振嶽」と云ひ、あるひは「天津神籬」と称する。凡そ塔と称せられるものは以上三つのうちの何れかの意義を示すもので、同じく塔の形を以てする一切種智の象徴ではあるが、その内容に於て、時間、空間、先天、後天、組織の精疎の相違があるものである。

薬王菩薩本事品《やくおうぼさつほんじほん》

薬王菩薩の苦行に就て説いてある。常精神菩薩の行は六波羅蜜のうちの忍辱の行である。薬王菩薩の行は布施の行である。何をか最上の布施と云う。一切衆生喜見菩薩は日月浄明徳如来の弟子であって、薬王菩薩の前身である。此の如来の許に法華経を学び「現一切色身三昧」を得た。即ち所謂「即身成仏」である。「生死の中に佛あれば生死なし」（道元）であって、日蓮はこれを「本門寿量の慧眼開けて見れば、本来本有の病通苦悩なりと明めたり……本来本有の生死なり、始覚の思縛を解くるなり」（御義口伝）と云っている。薬王菩薩の布施は此の境涯に於て奉行される。

「我神力を以て仏を供養すと雖も、身を以て仏を供養せんには如かじ」、即ち諸の香を飲むこと……千二百歳を満じ己りて、香油を身に塗り、日月浄明徳仏の前に於て……神通力の願を以て自ら身を然して光明遍く八十億恒河沙の世界を照す。

諸仏同時に讃じて言はく「善哉、善哉」是れ真の精進なり、是を真の法を以て如来を供養すと名く……種々の諸物を以て供養すとも及ぶこと能はざる所なり……是を第一の施と名く。諸の施の中に於て最尊最上なり。法を以て諸の如来を供養するが故に。

人は神（仏）を信じようとして、有漏の色身を挙げて工夫するが、たとへば「念仏まふしさふらへども、踊躍歓喜のこころ、おろそかにさふらうこと、またいそぎ浄土へまひりたきこころのさふらはぬは、いかにとさふらうべきことにてさふらうやらん」（歎異抄）とある如く、色身の思を以てする浄信の持続は困難であり、不可能である。

ところがよくよく考へると、自分が神を信じるのではなくして、却って神が、大いなる宇宙の生命意志が此の不完全な自分を信じて期待して呉れていることに気が付く。恰も子は親を信じなくとも、親はその子が如何に無頼の徒であろうとも、信じ慈しんで呉れる如きものである。むしろ不肖の子であればある程親の憐みは深い。これに気が付いた時、卒然として御恩報謝の念が湧く。子はもとより、無頼の徒であるが、それでもその全力を挙げて親の慈しみに報いなければならぬと云う念願が生じる。「人生意気に感ず、功名誰かまた論ぜん」などとも云はれることであって、これが神仏に対する供養布施の出発である。然らば何を仏に布施したらよかろうか。他の如何なる物体物質を供養するよりも、この自分自身の色身を挙げて供養するに如くはない。而もその自分を現在のままの自分ではなく、それをより立派に修飾して供御とし布施することが第一である。

この事を「煩悩の身を焼く」と日蓮は説いている。斯く説くこともともより正しいが、それとは別な解釈を試みよう。栴檀、薫陸、兜楼婆等の諸香を飲むとは諸の学説典籍を学び理解することの比諭であると取ろう。神仏は直接の自然智無師智であるから書物などとは全く没交渉のものである。書を読んでも先哲の跡を明かにして、以てこれによって大自然智である神の栄光にいよいよ輝きを添え、人間の経験智の上から証明を与へることは、人間の色身のみに為し能ふ仕事である。これ仏そのものの法ではなくして第二次的な人の法である。この事はこれから像法末法に入る時期に於ては不必要な事であるが、像末の時代から再び正法に入る今日の時期には大切なことである。「善哉」と云はれなければならぬ事である。斯の如き第二次的な人為の学問を以て大自然智の実体を荘厳する道を神道では御饌神（ミケツのかみ、御厨棚神）と云う。即ち伊勢外宮の神である。

「我今、日月浄明徳仏の舎利を供養せん」是語を作し已りて、即ち八万四千の塔の前に於て、百福荘厳の臂を然すこと七万二千歳にして以て供養す。

日月浄明徳仏の滅度の後、一切衆生喜見菩薩はその師の舎利を供養して、両臂を断ってこれを燃した。日蓮はこれを「生死の臂を焼くなり」と云っている。現一切色身三昧の上に立つなら、この百福三十二相荘厳の両臂を焼くことは生死相対両頭の相に就ての思索を尽すことの比喩である。一々の生死を解決することは解脱である。一切の生死の相を尽くすことは一切種智を究尽することであって、これ真の滅度である。前の焼身の供養と共に是もまた仏に対する最上の布施である。仏に対する布施として自分自身が成仏すること以上に大いなるはない。「彌陀五却思惟の本願をつらつら観ずれば、ひとへに親鸞一人がためなりけり」（歎異抄）（参照、禅宗二祖慧可の断臂）

若し如来の滅後、是経典（薬王品）を聞きて説の如く修業せば、此に於て命終して、即ち安楽世界の阿弥陀仏の大菩薩衆の囲遶せる住処に往きて、蓮華の中の宝座の上に生ぜん。

後の五百歳とは末法の五百歳である。浄土三部経は女人のための説法である。薬王品には布施供養、即ち御恩報謝の真義が説かれている。「念佛の念は観念の念にもあらず……如来よりたまはる信心」（親鸞）であることが判る時、弥陀仏の無量寿の光の中に住み無礙光の中に育まれる。生死の中に没在しながら、そのままで生老病死の苦界を離れて、薬王菩薩が行ずる波羅蜜が自己の行となる。阿弥陀経に対する至心信楽が直ちに法華経の菩薩行に連なって行く。斯く説いて釈尊は像法来法の時代を通じて、此の薬王菩薩品を受持弘経すべきことを宿王華菩薩に遺嘱した。像末の世は斯の如き波羅蜜を修して、これによって以て護持すべき時代である。薬王菩薩は即ち薬師如来である。

此経は則ち為れ閻浮提の人の病の良薬なり、若人病有らんに、是経を聞くことを得ば、病即ち消滅して不老不死ならん。

妙音菩薩品《みょうおんぼさつほん》

法華経は「教菩薩法、佛所護念」すなはち「一切種智、阿耨多羅三藐三菩提」を説いたものであるが、この道法の存在と意義を釈迦入涅槃後に来る所の像法末法の世を通じて保続するために、これを主として像法の形式を以て説いてあるものであって、仏陀の自覚内容の実体すなはち正法（白法）その侭の形態を以て説いたものではない。即ちそれを菩薩の修業法、心身の「行法」として説いてある。すなはち仏法と云っても仏陀如来の原理ではなくして、その原理に到る過程としての菩薩法である。像末の二千五百年間は此の範囲の修練を以て終始経過し、愈々末法時代の終了と共に現はれる出涅槃の新らしい仏陀によって、改めて正法の実体が齎らされる予定の仕組みになっているのである。

寿量品に於ける一切種智、三菩提の久遠実乗の大宣言の後を承けて、脱法内容は登山に譬へればいよいよ頂上に近づき、その菩薩修練の行法は益々厳粛にして、一切種智の実体に近接するものとなる。常不軽菩薩、薬王菩薩、妙音菩薩、観世音菩薩、普賢菩薩等の各品が悉くその過程である。

その時、世尊、肉髻の光明、眉間の光を放ちて東方一切浄光荘厳国の妙音菩薩を招いた。妙音菩薩この光に感じて三昧に入り、神通力によって霊鷲山の法華会に参じ、釈尊と多宝仏とを礼拝問訊した。この時華徳菩薩の乞によって釈尊がこの妙音菩薩に就いて説いた。此の菩薩の行は六波羅蜜のうちの禅定である。


一りの菩薩あり、名を妙音と曰ふ……妙幢相三昧、法華三昧、浄徳三昧、宿王戯三昧、無縁三昧、智印三昧、解一切衆生語、言三昧、集一切功徳三昧、清浄三昧、神通遊戯三昧、慧炬三昧、荘厳三昧、浄光明三昧、浄蔵三昧、不共三昧、日旋三昧を得、是の如き等の百千万億恆河沙等の諸の大三昧を得たり。

是菩薩は種々の身を現じて処処に諸の衆生の為に是経典を説く。或は梵王の身を現じ、或は帝釈の身を現じ……十方恆河沙の世界に於ても亦復是の如し、若し応に声聞の形を以て得度すべき者には声聞の形を現じて法を説き……応に佛の形を以て得度すべき者には、即ち佛の形を現じて法を説く。
善男子、其三昧を現一切色身（三昧）と名く。

妙音菩薩と次品の観世音菩薩とは畢竟同一のものであって、妙音品に於ては波羅蜜行の自力修業として説き、普門品に於ては他力信仰として説かれてある。同一の菩薩行が斯く自力他力両面から説かれているのはその意義が極めて重要であるためである。妙音とは摩尼の音、神通の「五百箇御統玉」の音である。一切世間のあらゆる音声（世音）を智性の原律に合はせて精練要約した所の音声である。即ちこれは言霊の相に於て把握表現された一切種智そのものに他ならない。一切種智は種智そのものの生き乍らの自己表現としての言語の相に於て把える外に把える方法はない。これを現はすに哲学的概念を以てしたならば生命を失った第二次的な説明に堕する。概念は言語に従属するものであって、概念は概念を規定する言語を規定し得ない。斯の如き仏陀の自覚内容である一切種智をその種智に格る菩薩の「行法」として像法の形式を以て説いてあるのが此の二品である。

十六種の三昧は観世音菩薩の三十二応身の半数である。仏陀の色身である智慧の相はすべて八、十六、三十二、四十八、九十六等の八の倍数を以て制約される。ここに人間智性の先天的な原律の一つがある。数に大小があるのは種智剖判の段階を示すと共に、分割の方法に精疎があるからである。

この一切種智（麻邇、言霊）は深く禅定三昧に入って生命の律動の全貌を感得識別することによって得られる。各種の入三昧は修業の実地であり、或は梵王、帝釈、菩薩、仏等に身を現ずることはその三昧の応用である。三昧は利己の行、応身は利他の行であって、これ菩薩行の主客両面である。斯の如く主体客体両面として顕現する所以は根本にその本体があるからである。それは、「唯だ佛と佛とのみいまして、諸法の実相を究尽したまふ」（方便品）の世界の消息であって、その本体は即ち人間本具久遠実乗の仏陀の実体である一切種智である。この一切種智を菩薩の三昧行として名づくるならば即ちこれが「現一切色身三昧」である。

三昧とは砕いて言へば「成り切る」ことである。自己を済度するには須らく自己自身に成り切らなければならぬ。自己の一切が他の何者とも取換えることの出来ぬ独自独特の尊厳なものであると云う明白深刻な自意識に至り得た時、その時が即ち解脱であり、禅の所謂「見性成仏」である。神道の修法ではこれを「鎮魂帰神」と云う。遊魂を収めて己が中府に鎮めることである。遊魂の跳梁に身を委ねる事を以て鎮魂と錯る神道者が多いが、真神真仏を識らざる輩である。

次に此の解脱の境涯に於て未到の衆生を済度するには須く先づ対者の心に没入して、其心に成り切らなければならぬ。これをアインフュールング（感情移入）などとも云うが、先づ夫々の相手の衆生の心そのものとなって、其処で腕を組み合って次の一歩へ導き出すのである。即ちこれを導師と云う。

この様にして自己三昧と他心三昧の両面の菩薩行の所以を大自然本具の人間の知的性能として、その律動（霊）を精別帰納体得し、これを精神的宇宙（法界）として組織して行く所に一切種智への道程がある。斯くして実現した一切種智は時間と空間に於て不変恒常であり普遍平等のものであって、即ちこれを久遠実乗と云う。

然し末法の終局に達した今日、何時までも二千五百年の惰性によって、過ぎ去った像末時代の菩薩三昧の行のみを楽しみ乍ら日を眩うして居てよい時ではない。今はその菩薩行にのみ陶酔没頭して仏陀の実体である一切種智に飛躍せぬものが末法の宗教である。末法の行を以てしては科学の解決救済が出来ない。

観世音菩薩普門品《かんぜおんぼさつふもんほん》

「現一切色身三昧」は一切種智を究尽する上の土台となる実地の修法である。この修法によって体得した所の諸法空相諸法実相を摩尼の相に輯約総合したものが一切種智である。これが清浄無垢なる仏陀の自覚内容であり、神道を以て云うならば高天原直授の神の命(真奈、真言)である。前述の如く此の修法を菩薩自身の禅定、槃若波羅蜜として説いたのが妙音菩薩品であり、更に此の同じ意義を方便を以て一切衆生の信仰の上に普く与へられるものとして他力の形で説いてあるが故に普門品と云う。

善男子、若し無量百千万億の衆生有りて、諸の苦悩を受けんにも、是観世音菩薩の名を聞きて一心に名を称せば、観世音菩薩、即時に其音声を観じて、皆解脱することを得しめん。若し是観世音菩薩の名を持つ有らん者は、設ひ大火に入るとも火を焼くこと能はず、是菩薩威神力に由るが故に……

釈尊は斯の如くにして観世音菩薩の功徳を改めて説き出した。古来東洋幾千万の衆生が法華の中の特に此の普門品を受持誦唱して来たことだったろう。此の功徳は即ち三昧の功徳であり、三昧とは禅定である。禅定の中に般若が現前する。

「観自在菩薩、深般若波羅蜜多を行ずるの時、五蘊皆空なるを照見し、一切の苦厄を度ふ……菩提薩埵、般若波羅蜜多に依るが故に、心に罣礙無く、罣礙なきが故に恐怖有ることなし、一切の顚倒夢想を遠離し、涅槃を究竟す」。(般若心経)

と説かれている槃若の功徳を客観化して信仰の対象としたものが普門品である。薬王菩薩品には阿弥陀経との関連が説かれてあるが、観音大士は阿弥陀如来の左脇立であって、普門品の方便は浄土経の方便と同じ手法である。

苦悩から救はれたいと願ふ心は出発ではあるが、この心を転じて救ふ心、救ふ立場となった時初めて自他の救ひが可能となる。「既に我生くるにあらず、キリスト我に在りて生くるなり」の境涯である。救ふも救はれるも一心の所作であるが、救ふ心が判らないのは、思惟が相対の一端にこびり付いて、その傾倒想の中で自由を失っているからに他ならぬ。此の時方便を設けて救ひの存在を強調して解脱の可能を信ぜしめるのが他力の道である。然し実際に於てその「救ひ」が実現する道は自力も他力も共に同じき三昧である以外の何ものでもない。

「大火、大水」等の苦難はすべて比喩である。大火は「三界火宅」の譬へであり、大水は思想の氾濫であろう。観音力が苦悩の救ひであるのは、それが「現一切色見三昧」すなはち実相認識であるからである。親鸞は「いづれの行もおよびがたき身なればとても地獄は一定すみかぞかし」(歎異抄)「曠劫よりこのかた常に没して出離の機なしと観ず」(教行信証)と説いた。ここに救はれがある。その親鸞はみづからを観世音菩薩の化身なりとひそかに自覚していた。

実際は常に相対の一端である。時と所を移すことなく、その時その場(中今)の事実を事実として、此の時処位に徹した時が、即その相対境地から離脱した時である。相対の実相は自己個身に現はれた絶対である。即ち相対即絶対であって、これが「色身三昧」である。個身の相対性が絶対者によって聞召される。即ち「慈眼視衆生」であり「観其音声」である。斯くして此の絶対と相対との間を自由に往還することが叶うこととなる。この事を「絶対矛盾の自己撞着」などとも云う。絶対界は「五蘊皆空」の世界「心無罣礙無有恐怖」の境涯であって、この故に観世音菩薩を「施無畏者」と云う。

扨て、「色身三昧」は菩薩の修法であるが、だが此の三昧そのものの修練のみが法華経者の究極目的であるのではない。此の三昧はその菩薩が仏陀として真に滅度するための過程としての行法である。その修法によって仏陀の真諦である一切種智と阿耨多羅三藐三菩提を究尽するためのものであって、その真諦である仏識の一端が普門品の末尾に次の如く述べられてある。

妙音、観世音とは、梵音海汐音なり。後世間の音に勝れり、是故に須らく常に念ずべし、念念に疑を生ずること勿れ。

梵音、海汐音の秘義は神道を以てしなければ釈くことは出来ない。妙音とは摩尼の音であり、観世音とは一切衆生の音声である。而も三昧の修法によってその音性即智性の精髄を精練抽出したる音である。この様に一切の智性（精神現象）を摩尼の音声として把握表現したものがすなはち一切種智である。

万有の因としての摩尼の音は風水空火土であるアオウエイの五母音である。これブラーマ（梵）すなはち大自然の音であって、神道ではこれを「鳴り鳴りて鳴り合はざる（音）」

と云う。万有の縁としての摩尼の音は易の乾兌離震巽坎艮坤であるヒチシキミリイニの八父韻である。これが海汐音であって、神道ではこれを「鳴り鳴りて鳴り余れる（音）」と云う。

八父韻を二つに分類する。ヒチシキの四父韻は陽である積極性をあらはし、ミリイニの四父韻は陰である消極性をあらはす。前者を汐満珠（シホミツルタマ）と云ひ、後者を汐乾珠（シホヒルタマ）と云う。生命の律動の消長を海汐の干汐に譬へてある。

因縁が結ばれて果を生ずる。母音と父韻が結ばれて子音となる。イを除いたアオウエ四母音と八父韻が呼び合（婚）ひして三十二個の子音を生む。これが摩尼を以てあらはされた人間精神の実相であって、如来の色身の三十二相である。この三十二相を三十二（三十三）応身として比喩の形、像法の姿を以て説いたものが観音経の方便である。その方法は四十八の真言を仏の四十八願として説いてある無量寿経の手法と同じものである。

斯の如き法界、精神界の因縁果、すなはち梵音、海汐音および実相音は即ち一切種智の自己表現（摩尼）であって、これが観世音菩薩遊行の実相であり、観音妙智力の実体であり、その本地である正法妙如来の妙色身である。摩尼は宝玉に譬へられる清浄無垢のものであって、神道の高天原は此の摩尼によって構成されている。而も此の摩尼は一切世間の雑音の中に存在しながら、その雑音の真相、実相として直観されるのである。即ち「十方諸の国土に、刹として身を現ぜざるなし」である。

「世間の事を推し尋ぬるに、子細にせば総て皆知る……故に知る、雑濫の口、背面は総て伊に由る、冷暖自ら量って、奴の唇皮を信ぜざれ」（寒山）。妙音観世音の一切色身三昧は斯の如き所から没入して行く。世間の言語、うそもまこともひっくるめてその侭がまこと（真言）である。

来るべき正法は像法末法の修業の過程を卒業して後初めて実現する。過去二千五百年間はそのための菩薩の修業の時代であった。神道に入るには須く仏教又はキリスト教、或は儒教の過程を経てこなければならぬ。六波羅蜜の行程を踏まぬ思ひ上った神道者がいきなり神道を説こうとしても自らにも判らず、他人を誤る。

陀羅尼品《だらにほん》

薬王菩薩、勇施菩薩、毘沙門天、持国天、十羅刹女等が法華経の説法者に陀羅尼（神咒）を与えて守護を誓ふ。妙音菩薩品、普門品の三昧行の後を受けて、一切種智の意義と内容を咒文の形式を以て教へたものが本品であると解する。

陀羅尼の実体は真言であり摩尼であり、その精髄は智性の原律であるところの一切種智の自己表現である神道の麻邇（言霊）そのものである。種智の自己表現であるが故に一字一語よく無限無量の義を包蔵し、一音一義であると同時に一音多義であり、これを概念もしくは象形文字（漢字）を以て解釈すれば必ず何等かの時処位の制約を受けて、その自在無礙の意が限定される。麻邇の一音一義は解釈すべからずして、みずから体得すべきものである。

（一音一義　一音多義）

ア　天頭吾雨明開………

イ　生言意泉井…………

ウ　産有受浮……………

エ　絵柄慧選……………

オ　緒尾応親音…………

ワ　和輪我枠鰐…………

・・・・・・

・・・・・・

・・・・・・

図表５．**一音一義　一音多義**

科学に於ける物質原素は破壊分析によってこれを得るが、精神の原素原律である摩尼は総合と帰納（三昧）の結果の直観としてこれを得る。世界の諸の宗教聖典は此の摩尼とその原理を或は比喩、或は象徴、或は数理を以て指示解脱したものであるが、是等の方便によって導かれて得るところの摩尼の実体はこれをみづから直観する以外に把握の方法はない。その直観（勘）すなはち霊魂の基本的律動を言辞の相に於いて示したものが摩尼（言霊）である。

梵語の陀羅尼と古代日本語である大和言葉とは密接な関係がある。屡々紹介した様に摩尼は摩邇（マニ）であり、曼荼羅は斑（マダラ）であり、釈迦は坂、性（サカ）である。摩邇を以て綴られた大和言葉の真義は天の岩戸隠れの期間中は秘密に附せられていた。「古事記を釈く者は死す」と厳しく戒められていた。同様に摩尼の組立てである梵語の陀羅尼も仏教の秘密に属する。この秘密神咒を秘密の侭に誦唱受持して来るべき正法の時代へ保続伝承することが像法末法時代の法華行者、仏教徒の為事であった。この秘密の意義を密教と支那に伝へられていたものを学んで帰って来て、嵯峨帝の指導の下に神道の摩邇に照合したものが弘法の真言宗である。一切種智の真相は陀羅尼の中に存する。

但し、漢訳の法華経中の陀羅尼は支那）的な音訳であって、どの程度までに正確に古代の梵音を写し出しているか明瞭でない。いずれ機会を得て、梵語の法華経を机上にした時、その上で改めて直観を得て解釈を試みることとする。

十羅刹女は魔である。羅刹とは時間（刹那）の推移、連続、羅列と云うことと解する。時間の推移の実体は数の変化ではなくして実相の変化である。これを「八坂の勾玉」と云う、即ち摩尼である。数はその実相の軌範である。これを「十拳剱」と云う。この実相をいきなり「有)」と執することが煩悩である。有に執する時利害得失愛憎好悪が流転して止む時がない、これ十二因縁である。輪廻の元は有であり、有の正体は実相である。この故に羅刹女は恐るべき魔女である。

此の諸法空相を「空」なる実体実在の顕現であると識って、その因縁経路を精細に明らめたものが即ち菩提である。万霊は神の自己表現であり、万有は仏の色神である。「空位」の全体に立脚して観る時、羅刹女こそ仏身顕現の契機である。即ち普門品の謂ふ「海汐音」がこの羅刹女であって、これを煩悩すなはち魔の障害と見るか、澆刺とした生命の実相と観るか、此処が地獄と天堂の分岐点であり、迷悟の差別の存する所である。地獄界も天界も実相としては同一のものであって、ただその順序が逆転している。其処に自覚無自覚、自主他動、自由不自由、規律無規律の差があるだけの事である。文明を人類の創造と見るか、歴史を業の流転の相と見るか、その分岐点は此の十羅刹女に存する。

天堂	仏陀	ア	ハ	タ	サ	カ	マ	ラ	ヤ	ナ	ワ
	菩薩	イ									
	縁覚	エ									
	声聞	オ									
	衆生	ウ									
地獄	天人	ウ									
	修羅	オ									
	畜生	エ									
	餓鬼	イ									
	地獄	ア	ハ	タ	サ	カ	マ	ラ	ヤ	ナ	ワ

図表6．**十羅刹女之図**

羅刹女の実相を把握体得すれば、諸魔煩悩の障害を離脱して「施無畏」の観音力、観自在力を得る。十羅刹女の摩邇の姿はアハタサカマラヤナワの十音（十字）である。此の十音を神道では「浮きたる油」と云う。また此の十律の把持者をキリスト教では「膏注がれし者、受膏者（アノインテット）と云う。即ち覚者の義である。

妙荘厳王本事品《みょうそうごんのうほんじほん》

雲雷音宿王華智如来の国土に王あり、妙荘厳と云う。王に二子あり、浄蔵、浄眼と云う。二王子菩薩道を修して諸の波羅蜜三昧に通暁す。初め如来妙荘厳王を引導せんために二王子をしてその父の前に神変を現ぜしめ、出家してその父母を教化して如来の許に至らしむ。後、王、夫人と共に出家して妙法蓮華経を修業した。妙荘厳王は華徳菩薩、浄徳夫人は光照荘厳相菩薩、二王子は薬王、薬上二菩薩である。

　爾時、妙荘厳王、及其夫人、頸の真珠瓔珞価値百千なるを解きて以て仏の上に散じたてまつるに、虚空の中に於て四柱の宝台と成る。台の中に大宝の床、百千万の天衣を敷けり、其上に仏有して、結跏趺坐して大光明を放ちたまふ。

ワ	サ	ヤ	ナ	ラ	ハ	マ	カ	タ	ア
ヲ	ソ	ヨ	ノ	ロ	ホ	モ	コ	ト	オ
ウ	ス	ユ	ヌ	ル	フ	ム	ク	ツ	ウ
ヱ	セ	エ	ネ	レ	ヘ	メ	ケ	テ	エ
ヰ	シ	イ	ニ	リ	ヒ	ミ	キ	チ	イ

図表7. **布斗麻邇音図**

真珠瓔珞は摩尼の咒示であって、その組織すなはち一切種智の荘厳の姿が像法の形で述べられてある。四柱は四隅の柱である。台中の床は実相世界であり、神道でこれを「真床追衾（マトコオフスマ）」と云う。ここに仏妙色身三十二相が展開する。天衣の衣とはココロモすなはち心（ココロ）の裳（モ）の義である。四柱に囲まれた世界を「筑紫の日向の橘の小門の阿波岐原」と云う。「其の蓮華台は大摩尼なり」と観普賢菩薩行法経は更に内容の荘厳を詳細に説いている。

「世尊……此の二子は是れ我が善知識なり。宿世の善根を発起して、我を饒益せんと欲するを以ての故に、我が家に来生せり」「汝が所言の如し、若し善男子善女人、善根を植うるが故に、世々に善知識を得……善知識は是れ大因縁なり。謂ゆる化導して仏を見。阿耨多羅三藐三菩提の心を発すことを得しむ」。

法華経を自修することは不可能なことである。仏教に於て辟支仏果として諸法空相を悟り、菩薩行として六波羅蜜を行ずる所までは自修を以て可能であるが、一切種智を究め阿耨多羅三藐三菩提を究尽する真滅度の仏識に至ることは行者の独力を以てしては不可能である。仏識は自然智、無師智である人間本具の久遠実乗のものであるが、その天与の境域に至るためには必ず指導者としての善知識の存在を必要とする。独覚者（辟支仏）とは無師独覚の義で、その独力を以て如何に学を究め行を積まうとも、決して真仏乗である一切種智、阿耨多羅三藐三菩提には至り得ない。仏識が無師智であることと辟支仏が無師独覚であることの間には高い段階の差異があることを弁えなければならない。その故は一切種智、阿耨多羅三藐三菩提の原理は人類の悠久の歴史的伝統によって継承され保続されているものであるからである。この伝統の正式の把持実現者を真の善知識と云う。法華経に於ける諸仏諸菩薩は必ずその師の指導により伝統を受継いで修業して、これに従って成道したものであることが繰返し説かれてあるのは此の為である。師なくして成仏した者は始原の先天である多宝仏以外には存在しない。

次にまた此の一切種智、阿耨多羅三藐三菩提の学的伝統は他に類例類似なき独特の法を以てその法とするものであって、他の如何なる哲学、如何なる数理、或は如何なる行法を以てしてもその法の実体を覗知する能はざる所のものである。その独特の伝統の法とはすなはち「摩尼宝珠」（布斗麻邇）そのものであって、この法に拠らず、此の法を以てせざる限り種智を把握し菩提を究尽することは必ず不可能のものである。真の善知識とは菩薩位に在って摩尼の教伝を行ふ者を云う。

法華経は難解である。然もその修練の途中に於て「諸法空相」の把握である辟支仏果と、六波羅蜜の菩薩行の所までは何人にも気根に応じて独力で行じ得る所であるが、それから先の「妙法蓮華、教菩薩法、佛所護念」の実体には独力のみを以てしては決して到達し得ない。

「諸仏の智慧は甚深無量にして、其の智慧門は難解難入なり、一切の声聞、辟支仏の知ること能はざる所なり」（方便品）とあることは実にこの事を説いたものであって、諸仏の真智は親しく諸仏の伝統伝光に随順してその独特の法の内容を直接に学得するのでなければ修め得ない。この伝統の法を無視する者、知らざる者はみずから菩薩なりと思っても実は辟支仏の境涯を脱すること能はざるものである。摩尼の存在を知らず、その法を以てせぬ西洋哲学は無量劫の思惟を続けようとも遂に一切種智には至り得ない。法華経第二品に於て述べられた「難解難入」の所以は第二十七品に於て「善知識」の指導によるべきものであると説かれることによって此所に初めて解決されるのである。

然らば斯の如き仏陀の伝統とは何であるかと云へば、寿量品の講義で説いた如く、これを神道的表現を以て云うならば人類精神文明の淵源である世界の高天原から降臨したそのかみの天孫が此の地上に齎らした布斗麻邇と三貴子の神法、すなはち三種の神器に他ならない。仏教もキリスト教も儒教も回教もその伝統の分派である。而もその伝統）の正系はその頃より今日に至るまで、日本国体原理として、天皇の本質（御魂）として岩戸隠れの形に於て継承保全されているのである。

この法の伝統は過去三千年間に亘る像法末法の時代に於て、天の岩戸隠れ、入涅槃の状態に置かれていたから、その学的内容は仏教に於てもキリスト教に於ても、特に神道に於てさへも、咒文としての、或は謎としての書物、又は咒事としての祭典の仕草形式としてのみ伝へられて来た。時に覚者があってその法に暁通した者が現はれても、その期間内に於てはその法を顕はな伝統として伝へることは許されなかったし、覚者みずからも彼一代の秘かな自覚に止めて置いて弟子に伝へることは差控えた。また実際に伝へるべき後継者が居なかった。すなはち像法末法時代には真の善知識と称し得る生身の人が存続することなく、ただ書物と咒事のみが伝承された。

今や仏滅後三千年間の像法末法の期間が終了する予定の時期となった。この間、咒文咒事としての黙示を以て伝へて来た法の実体が、時代と共に覚醒を始めた先覚の人々によって少しずつ開明せられ、日本に於ては凡そ明治維新を期として、三千年間の久遠滅度の仏陀すなはち神の今の自覚の伝統に漸くその岩戸開き、出涅槃の機運が到来した、例へば黒住、天理、大本の各教祖（その後継者ではない）の民間に於ける活動などは、その言はんとする所、極めて漠然たるものではあったが、まさしく人類血液の歴史的な目醒めの一端である。

導師たる善知識は妙荘厳王の場合はその二子であった。逆にその王が善知識である場合もある。或いは同胞友人がそれである場合もある。此の正法出現の時期に際して、遇ひ難き仏法、神道の真諦を指導する善知識に巡り会うためには、先づその人みずからが世界歴史の大凡すなはち文明の因縁果報の概況を承知し、それと共にみずから阿羅漢の清浄なる「空位」を獲得するか、若しくは声聞乗に於て不惑の浄信を把持することを必要條件とする。それでなければ善知識に会ひ、これと語り、その書を読んでも、それを善知識であると知ることが出来ない。

近代の日本に於て我々の身近かに在られて、神道の形を以て斯の法の開顕啓発を事とされた偉大なる善知識は我等の王である明治天皇であられた、その御研究の一端は多くの御製のうちに示されてあり、その御学問の伝統は明治の朝廷から流れ出て、数少ない民間の学者によって受継がれている。然し斯の如き善知識が出現してもそれを認めようとせず、その指導を信受継承しようとせぬ者は、如何程独自の努力を以てしても、菩薩乗に止まるのみで、遂に永劫に真滅度の仏果神識には至り得ない。斯の如きが今日の日本の学界、宗教界、神道会の憐むべき現状である。

法華経の巻末近く釈尊が特に導師としての善知識の意義を強調してあるのはこの為であって、この事は特に後の五百歳が終了する時期に当って深大な意義がある。然らば此の末法転換の時期に於ける最大至高の善知識として出現する者は何者であるか、如何なる姿と内容とを持った者であるかと云うことを、像法的手法を以て、予言の形に於て、咒示説示されてあるのがすなはち普賢菩薩である。

普賢菩薩観発品《ふげんぼさつかんぼつほん》

爾時、東方浄妙国土より普賢菩薩、大菩薩衆と共に耆闍崛山に来って仏滅後に於ての法華経受持の方法を問ふた。

若し善男子、善女人、四法を成就せば、如来の滅後に於て、当に此の法華経を得べし、一には諸仏に護念せらるることを為、二には諸の徳本を植え、三には正定衆に入り、四には一切衆生を救ふ心を発せるなり。善男子、善女人、是の如く四法を成就せば、如来の滅後に於て必ず是経を得ん。

この時「是経を得ん」と云う意義はも早や二十八品の法華経文を指すのではなくして、その中に秘められてある「妙法蓮華、教菩薩法、仏所護念」すなはち仏智である「一切種智、阿耨多羅三藐三菩提」の謂でなければならぬ。四法はその侭、六波羅蜜であり、信、善、真、慈の四つに当る。像法末法三千年間、四法六波羅蜜の修練を、何十代もの世代を経て積み来った善根が、正法復元の時に至って妙法蓮華の実体を獲得するのである。二十八品の法華経巻はその像法末法の期間に於ける修業のためのテキスト、ブックである。

その時、普賢菩薩末法の代に於て法華経を守護せんことを誓ふ。陀羅尼を与へて次の如く誓約した。

五百歳濁悪世の中に……是法華経を修習せんと欲せば、三七日の中に於て応に一心に精進すべし、三七日を満じ了りて、我当に六牙の白象に乗りて、無量の菩薩の而も自ら囲繞と共に、一切衆生の見んと喜ふ身を以て、其人の前に現じて、為に法を説き示教利喜すべし。

此の一節をまさに法華経の総結語であると見てよい。法華経は教菩薩法を説いたもので、常精進菩薩（忍辱）、薬王菩薩（布施）、妙音菩薩（禅定）、観世音菩薩（般若）の諸波羅蜜行がすなはちそれであるが、然し菩薩を養成するために六波羅蜜を説くだけで事が終るのではない。菩薩をして真滅度の仏陀として完成することがその真の目的である。ここに諸菩薩行の最後に当る普賢菩薩行はも早や菩薩たらんがための菩薩行ではない。これを菩薩行とするならば深般若波羅蜜の内容を整理組織する修証であって、即ち一切種智を組立て、阿耨多羅三藐三菩提に格るための学業であり、菩薩位を離れて成仏するための修業である。

この仏陀の実体であり本質である一切種智、阿耨多羅三藐三菩提を釈尊入涅槃後の三千年間の衆生のために菩薩の色身の姿として像法的に教示し、それと同時にこれを後の五百歳が終了した正法再現の時代に及んで、初めて原理として開明すべき咒文として、謎として継承せしめたものが此の「一切衆生の見んと願ふ身」である普賢の色身の像（姿）である。妙法蓮華経二十八品の説法の究極の目的は此の普賢の妙色身を像法的絵姿の形で教示して置くことにある。然し斯うした意義と形式に於ける教示は何も仏教だけに限られたことではなくして、キリスト経典にしても神道の古事記、日本書紀にしても、すべて像法末法の時代に用ひられた経典は悉くこれと同様な手法と目的を以て編集脚色されているのである。

その普賢の妙色身は法華経の結経である観普賢菩薩行法経に述べられてある所であって、像法的手法を以て述べられた此の観経の謎を釈く時、ここに仏教、キリスト教、儒教を通じての全世界の古代宗教の奥義である、精神文明の黄金時代であった太古神代に於ける人類指導の秘宝であった日本神道の「三種の神器」「三貴子」「祓戸四柱神」(一切種智、阿耨多羅三藐三菩提)の原理の体系と内容が彷彿としてその全貌を眼前する。

観普賢菩薩行法経はその作成の年代は後者よりも古いが、その内容は皇典古事記の抄本である。而して法華経二十八品は此の観普賢菩薩行法経、すなはち古事記の内容に至るための予備門であり、入門書である。Samantabhadra を意訳して普賢(徧吉)と書くが、この「普く賢い」と云う意義をその名とする白衣の神人の実体実質の存する神聖なる場所を日本神道に於て「賢所」と云う。

神道から観た

歎異抄講話

本書に於いては、原文を掲載しません。歎異抄を傍らに開きながら、本書をお読みください。

神仏の実体

第三文明会で神道布斗麻邇言霊学を説いた。神道に入るためには、先づ万物の創始であり、全体であり、究極である実在としての高天原と、その高天原に現出した生命意志であり精神である神を体得しなければならぬ。この体験を拠点とし、この体認の内容である麻邇を鏡として操作することによって初めて古事記を検べ、アイウエオ五十音の意義を学ぶことが出来る。みずから高天原に住まなければ生命の本体から遊離した観念の形でしか麻邇を受取ることが出来ず、その判断は従前の自己の経験知識からの類推による概然的な了解の範囲に拘束限局されて、刹那に活動変化する溌溂とした生命の様相をそのままに捕へることが出来ず、折角人類の精神的な至宝であるアイウエオの学を聞いても、禅で云ふ「野干脳裂」の支離滅裂の状態に陥いる。神道は法華経の言ふ「妙法蓮華　教菩薩法　仏所護念」の実体実質であり、「一切種智」「摩尼宝珠」そのものであるから、禅の所謂「従前の識神」である持ち合はせの観念的な経験智を以てしては学び得ないものである。

然し人間が人間とは何であるかと云ふ問題を内面的に解決するためには、その最高の解決である布斗麻邇（三種の神器）に鑑みる考へ方を以てすることが、その最勝の道であり、これ以外に完全な道は存しない。今日世界に科学文明が此処まで発達した時、人類に残された問題は、その科学を操作する創造の主体である人間自体とは、すなはち人間の人間性とは何かと云ふことの解明である。布斗麻邇はそのための人類必須の道である。そこでその神道の実体実質である布斗麻邇の世界に入るためには、どうしても実在する、実在としての高天原と、その内容である神あるひは仏と云ふことの体認が前提でなければならない。

然らばどうして高天原の世界を識ることが出来るかと云ふと、高天原と云ふことは元来神道だけの命題ではなく、これは宇宙万有が存在する極限の全体の領域を神道で高天原と呼称するだけの事である。世界に共通し、人類に普遍のものとしての実在は各宗教、哲学、民族によって夫々名称を異にするが、畢竟すれば唯一であり普遍のものである。

然も此の唯一普遍のものは、古来無数の聖人覚者達が身みづから体得して来たところのものであり、それを知ることは事新らしい発見ではなく、また今更改めて特別な新らしい言葉を作ってそれを表現しなければならぬ必要もないのである。例へば我々日本人に取って最も身近かに存し、人口に膾炙している「南無阿弥陀仏」と云ふ仏教の言葉が、それがそのまま神道の唯一究極の実在の名であって差支へないのである。敢て難解煩瑣な哲学を思索する要はない。誰でも唱へている阿弥陀仏と云ふものの意義が本当に体得されれば、其処から神道の内景に向って勇躍明快に出発することが叶ふのである。歴史と宗教の上から稽へる時、この阿弥陀仏を体認し得た第一人者が親鸞であることを知って、その簡潔な遺教である歎異抄を取り上げて、その指導を仰ぐと同時に、その浄土真宗と云ふ法門の神道的意義を改めて開顕し、神道への橋渡しをしようと試みる。

生命意志と生命意識

宇宙は元来神でもなく悪魔でもなく、善でもなく悪でもない、冷厳きはまりない虚心であり無心である。これを称して「空」と云ひ「玄」と云ふ。釈尊は法華経を説く前に、その前提として般若経を説いて、宇宙本来の究極の空の世界を教へた。ところで何時の頃からか、何故か、また如何にしてかは判らぬが、この空なる宇宙の中に生命が萌し、独特の自己目的を持った意志が生じた。やがてまたその意志の自己認識としての意識が生まれた。すなはちこれが心であり精神である。精神は自己の本体である宇宙の内容を顕現する。精神は生命の光りであり、神であり、言葉である。空なる宇宙の内容として、その宇宙の精神自体を精密に組織し運行せしめる原理原律を神理と云ひ仏法と云ふ。

その宇宙の原理原律を最高に意識し自覚する活動体が人間の精神であって、人間はすなはち万物の霊長である。神道では人間は神の命であり、キリスト教では神の愛子であり、仏教では仏の覚体、活動体としての菩薩である。以上を逆に云へば神仏は人間の生命意志と生命意識の淵源であり、本体であり、従ってその生命意志意識の人間独特の活用であるところの文明創造の主体をなすものが神仏である。人があって神があるのではない。然し神があって後に人があるわけでもない。宇宙の生命意志である神自体の自覚体、活動体が人間である。神仏がなければ人間はない。然し自覚体である人間が居なければ宇宙に神即生命とその原理原律が存するかどうかを知る方法がない。神あって人あり、人あって神あり、両者は不可分の即の関係性に在って、不二一体のものである。

この人間の主体であり本体である宇宙の生命意志なる神が、人間の意識として、知性として、精しく云へば知情意として如何に顕はれて来るか、それが現はれ尽くした時の全貌全局は如何なるものか、此のアルファからオメガに至る道程を明らかにした基本原理が神道の言霊布斗麻邇であり、その内容を示したものが三種の神器である。すなはち神である宇宙意識がその愛子である人間を通じて如何にその意識を自覚し、意志を実行するかと云ふことの原理原律が布斗麻邇である。すなはち人間の知性、精神、知情意が発生し活動する基本原理を布斗麻邇と云ふ。

この布斗麻邇の原理は、仏説によれば久遠劫の昔に完成されたものであって、その原理の自覚把持者を仏陀と云ふ。「我仏を得しよりこのかた経たるところの劫数無量百千万億阿僧祇なり」（寿量品）と説かれている。この完成体としての仏陀である摩尼（麻邇）、一切種智、仏所護念は、人類がその生物学的な種を宇宙に持続する限り天壌無窮、万世一系のものである。換言すれば布斗麻邇とは、人間が自己の「種」を精神的に自覚した全貌を云ふ。神が人間と云ふ機関を通じて宇宙自体を自覚する心（思惟）を般若と云ふ。般若は人間の思惟であって人間の思惟ではなく、宇宙自体のものである。

念仏

扨てここに親鸞はこの宇宙自体、生命自体が宇宙生命自体を思惟する心を「念仏」と呼んだ。「念仏は、わがはからひにて行ずるにあらざれば非行といふ」と云っている。念仏の念は仏を対象として思ふことではなくて、仏自身が人間を通じて思ふことであり、その思ひは人間自身の本来の思ひである。念仏の心を信心とも云ふ。「如来から賜はりたる信心」と云ふ。仏は何処までも精神の主体、能動体であって、衆生が衆生自身の意図欲求から働らきかけて行ってもその働きかけが到達し得る対象ではない。この様なものが念仏の本義であり、他力と云はれる信心の眼目である。

この様に宇宙意志であり生命意識である神が、主体能動体として人間に自覚され活動する状態を、神道では「天照大御神、高御産巣日神の命もちて」と称する。仏教に於ても神道に於ても神仏は、人間の念願や観念的信仰の対象として向ふに樹てられる客体ではなくして、生命の創造的主体である。だがこの様に初めは衆生が願ったり信じようとしたりする心の相手であった神仏の位置が、対象としての客体から主体に転換することが、神道、仏教はもとよりすべての哲学宗教の出発点であり拠点であり入門の修証であって、この事をキリスト教で魂の再生と云ふ。仏教で得度と云ふのである。

浄土建設の方便と真実

冷厳な宇宙自体の極限である「空」を究はめ、その中から萌え出して来る生命の温か味である神仏の意志を知り、その神自体の心の現はれである人間の心の法則を究はめ、その人間の精神の所産である人間独自の文明を創造する法則を把握運用する者を仏陀（覚者）と云ひ、神人（聖、霊知り）と云ふ。そして此の創造の法則を以て全世界の経綸に当る責任者を転輪聖王と云ひ、神道では天津日嗣天皇と云ふ。人類世界が過去現在未来を通じて天壌無窮、万世一系に天津日嗣によって実際に経綸されていることは「第三文明への通路」で明らかにして置いた。仏陀神人として西方十万億土の極楽国土の文明の建設経営に従事しつつあると、釈尊が芸術的に描き出したのが阿弥陀仏（法蔵菩薩）である。

だが然しこの阿弥陀仏は、元来釈尊が衆生を誘導する方便のために創作した架空の芸術に過ぎない。従ってその阿弥陀仏が存在する意義の限界は、すべての仏が人間の精神の主体であり、淵源である宇宙の実在であると云ふ所までであって、その極楽国土の経営は現実の事実ではないのである。阿弥陀仏はただ信仰の中にだけ在る。阿弥陀仏が真理として宇宙に存在することには間違いはないが、その真理真実在は西方の彼方に在ると云ふだけで、実際にこの世界に如何に現はれ、如何に活動しているかに就ての証跡は存しない。阿弥陀仏は宗教者に限りなく信ぜられ敬慕されるが、事実を伴ふことのない絵姿であり、理念である。従ってその報土に我々が生まれるためには、肉体の死後を待たなければならない事となるわけである。

但し死後霊魂だけが分離して極楽や地獄に行くと云ふことは証拠も証明も成り立たぬ小乗仏教の方便に過ぎない。死後と云ふことを永遠の未来と云ふ意味に取ればそれでもよかろうが、此処までが浄土信仰がそれ自体で到達し得る限界である。日蓮は更に此の限界を一歩飛躍して神道に近付いている。

けれども親鸞が要求している如く「弥陀の本願まことにおはしまさば、釈尊の説教虚言なるべからず」であって、浄土建設の本願は実際の事実として行はれていることでなければならない。これと同様にキリストが約束した地上天国建設も事実でなければならぬ。事実であるならば此の建設と経営は実際に何処かで誰かが行っていなければならない。これは余りに大きな問題であり、而も余りに眼近かなことであるから却って茫漠として判りにくい事になるわけではあるが、仏教を検べ、キリスト教を検べ、神道原理を学び、太古神代歴史を研究して行く時、此の弥陀仏の本願と云ふ宗教上の信仰の実体として天津日嗣の世界経綸と云ふ、悠久永遠の歴史的事実に当面する。これこそが絵姿としての西方浄土の建設ではなく、現に此の我々が住む世界に於て、その不思議誓願を実行しつつある生身の阿弥陀如来の活動そのものでなければならぬ。釈尊が韋提希夫人と云ふ女人のために方便として描き示した説法が、その方便を翻して、神道の立場に立って見直す時、初めてそれが単なる方便に終わる方便ではなくして、そのまま真実であり事実であることが証明される。阿弥陀仏は西方十万億土の浄土にいらっしゃるのではなく、「此を去ること遠からず」（観無量寿経）と云はれるほんの近い所、すなはち我々が住む此の現世界、娑婆世界にこそいらっしゃるのである。

また此の事を逆に考へて天津日嗣の経綸の事実を前提とし背景とするからこそ、釈尊も安んじて方便を用ひて浄土を描き出すことを得たものであるとも云へる。釈尊の時代は天津日嗣の宏謨に従って太古神代の正法時代が終了して、全世界が像法末法の時代に入ろうとする境目であったから、釈尊もまた「和光同塵」の宏謨の方針に従って真実を一歩昧まして、現実から離れた仮の浄土を描き示したものであると云ふことも出来る。事実は天津日嗣から釈尊がこの様に指令されたものである。

然るにこの現実世界に於ける天津日嗣の経綸は、仏教がその最奥の秘儀とするところの摩尼（布斗麻邇）すなはち阿弥陀経、及び法華経の「一切諸仏所護念経」「仏所護念」を実際の法として運営するものであって、ここに末法小乗個人救済の信心をそのまま正法大乗の大行に転じ、専修念仏である他力易行道と人間性の実現展開としての文明創造の自力聖道門がそのまま一致する道が開けて来るのである。

初め別箇の存在として分離対立している衆生と仏とが、親鸞の念仏信心によってその対立が揚棄された時、煩悩具足の凡夫衆生がそのままでいて大乗の菩薩として、神の愛子として、すなはち神の命として世界経綸の大行に参加する意義を獲得する。

恩寵

「弥陀の五劫思惟の願をよくよく案ずれば、ひとえに親鸞一人がためなりけり」。生命の自覚実現者、文明の建設者である阿弥陀仏は、人類衆生のために営々として浄土の建設経営に従事して居られる。その衆生とは誰のことか。仏の恩寵の目的は誰か、その恩寵を全身全霊に頂戴していることを切実に実際に感得し得る者、自覚し得る者は我みづからである。仏の無碍光のスポット・ライトに照し出され、無量寿光の焦点に立たされている者は、常に此の一人の我みづからである。自分以外の人々のことはまたその人めいめいの問題であろうが、自分に取って仏はこの自分と云ふ一人を善くして下さるために兆載の悲願を努力し給ふて居られる自分の仏である。仏の悲願は自分一人と仏の間の問題であると考へる時、初めて切実な真実となる。子供は云ふ、「ママは世界一、だって私のママだもの」。この言葉がそのまま仏と自分の間柄の上に当て嵌まる。この仏の恩寵の切実な光被者としての自己意識の上に無限の歓喜と感謝の思ひが湧く。

馬太伝に次の如く記されてある。

「それ人の子は亡びたる者を救わん為に来たれり、人もし百匹の羊あらんに、その一匹まよはば、九十九を山に置きゆきて、迷ひし一つを尋ねざるか、若たづねてこれに遇はば、我まことに汝等に告げん、迷はざる九十九匹の者よりも尚ほその一つを喜ばん」。

よくよく省みればこの迷へる羊とは他人の事ではなく、我みづからの事である。キリストの心である宇宙の生命意志に反抗し叛逆し、その法則を嘲笑し無視し、神を求めると思いながら実は自分の慾の満足を求めて居り、己れの名を現はさんがためにキリストを利用し、僅かな報酬に代へてキリストを売る者、その代表者の名をイスカリオテのユダと云ふ者こそ、実は我みづからの姿である。神は、神の子はその罪の子である一匹の迷へる悪性の羊を探し求めて救はずには置かない。

念仏の世界でも全くキリスト教と同じであって、生命である仏の心から常に逸脱してさ迷い歩く煩悩と転倒夢想の塊である以外の何ものでもない自分こそ、この始末に負えぬ悪業の人間こそ、摂取不捨の正機（救済の眼目）であることに気が付くとき、広大な恩寵に随喜せざるを得ないのである。

御恩報謝と皇運扶翼

この時凡夫は凡夫なりに、悪人は悪人なりに、その凡夫であることを恥ぢず、御恩報謝をしなければならぬと云ふ心が湧いて来る。「仏恩の深重を思ひ、人心の虚妄を恥ぢず」と親鸞は云ふ。弥陀仏の御苦労に対して、凡夫ながらの微力をお添えしようとせずには居られなくなって来る。釈尊の方便としての芸術的な説法に対して親鸞は此処まで勇猛に肉迫して行った。その御恩報謝の純粋の基本的形態は専修念仏であって、その念仏は元の純粋な形を保持したままに種々に様相を変へて発展して行く。この事もまたキリスト教でも仏教でも全く同じことであって、その御恩報謝の発展が今日迄のキリスト協会や浄土真宗の活動であったわけである。然らば此の御恩報謝の実践を末法から正法に、小乗から大乗に転じ、他力と自力を揚棄綜合する神道の上に如何に受取り如何に奉行するか。

教育勅語に「我が皇祖皇宗国を肇むること宏遠に、徳を樹つること深厚なり」とある。明治の帝国主義時代の勅語ではあるが、この言葉は皇室の自讃ではなく、また追従でもない。我々が古代文献によって神代歴史を研究する時、この事が真実であることを知る。神代歴史に伝へられる天津日嗣の世界経綸は神代の過去に然とあっただけの事ではない。その後も、現在も、永遠の未来にかけても引き続いて行はれてゆく天壌無窮万世一系の人類世界の真実である。この真実をただ単なる客観的な事象とのみ考へず、哲学の問題、宗教の問題として、主観的、実践的に、然らば斯の如き天津日嗣の経綸は誰のためであり、その焦点眼目は何処にあるかと、静かに内に省みる時、自己の人間としてと同時に日本人としての天職使命、大義名分がはっきりと自覚される。親鸞が「我一人がためなりけり」と云ったことも、馬太伝の一匹の迷へる羊の比喩も、そのままが生き生きとした真実として同感される。

斯うと判った以上、手を拱いて凝っとしていては申し訳ない事である。仏恩神恩、即皇恩に対する此の感激と感謝こそ、神の命である神道者として、日本人として、神命奉行、皇運扶翼、人類文明の完成のために、自己の無学も微力も省みることなく努力しようとする決心の原動力である。この実践のうちにこそ人間と生まれて来たことの最高の意義が存する。

以上一通りの解説を序説として、初心者が神道布斗麻邇、三種の神器の世界の人となる入門として、宇宙、神、仏、極楽世界、高天原、救世主、天皇等の存在と意義を体得するために、先づ親鸞から何を学ぶべきか、そして神道者として親鸞が開いた道を如何に理解し、それを如何に相続伝承し、更にその道を基礎として、次の時代、次の世界を如何に打解開発して行ったらよいか、斯うした意義と目的の下に、これから歎異抄の各節に分け行って皆さんとお話し合いたいと思ふ。

生きた仏

第一回の序論的なお話しに続いて、今日から本文の逐節解釈を進めて行こう。神仏は生きているものである。描かれた図や刻まれた像でもなければ、記された文字でもない。即今此の所で人間に現はれて、人間として活動しているのが神仏である。歎異抄にせよ、法華経、無門関、馬太伝にせよ、これを説こうとする時、学者がこれの考証訓古を試みようとする意味ではなく、生きた仏が仏の説を説く場合ならば、その時必ずしも他の説や書物を参照しなければならぬことはない。原典を手にしてぶっつけ本番で話し、或は傍に原典だけを置いて筆を進める事が正しい。前以て講義の原稿を作って置いて話したりするのも間ぬるい事と云へる。

神仏は今の只今此処で生きている。昨日あった事でも明日ある事でもない。真神はその時その場にあらはれて来る端的な生命の、精神の活動そのものである。語り終わった話し、書きあらはした文章は云わば神仏の亡き骸である。すなはちその入涅槃の姿である。仏教経典は仏自体ではない。云はば釈尊の糞みたいなようなものである。只今耆闍崛山に、祇樹給孤独園に獅子吼説法しつつある者が仏である。これを「声学即実相　文字即涅槃」と云ふ。

入涅槃の仏すなはち仏の亡き骸である経釈を読んで、其処に仏の顕はれを見ることは、それを読み学ぶ者自身の生命の光りの活らきである。この精神の活らきを神道で蘇生へり(黄泉帰へり)と云ふ。読み帰る議である。黄泉は入涅槃のことである。簡単に云へば文字のことである。死後の世界のことではない。その文字が生き生きとした現実の生命の自覚活動の世界に帰へって言葉となることが黄泉帰へりである。その時経釈を読む人が声聞乗の人ならば、声聞として釈尊が蘇返へる。辟支仏、菩薩乗の人ならば辟支仏、菩薩として釈尊が蘇返へる。読む人が仏陀ならば仏陀自体が全貌を現はす。仏陀と仏陀の交渉を「唯仏与仏　乃能究尽　諸法実相」と云ひ、「去来現仏　仏仏想念」と云ふ。

イエス・キリストの再生復活、仏陀の出涅槃下生と云ふことは、天津日嗣の御経綸の上の歴史的意味は別として、宗教上には昔在ました人物であるキリストや仏陀その人が生き還って来る謂ではない。不合理の空想を空の彼方に願ったり待ったりしていてもキリストは永久に再臨することはなく、仏陀は下生することがない。キリストはキリストの教へを学んで自覚した人間自身として復活し、仏陀は仏説にみづから眼覚めた者によって、その者自身として下生するのである。

純粋創造

第三文明会で本会本来の仕事である布斗麻邇三種の神器の学や、過去現在未来の無窮に亘る天津日嗣の経綸の研究から一歩離れて、念仏や禅やその他の従来の宗教などと云ふ閑事に関心を持たなければならないのは、個人個人の魂を救済すること自体にその目的があるわけではない。個人の救済はその過程であり、途中の階段の一つに他ならぬ。此の会は個人の会ではなく、個人のための会ではない。宗教団体ではないのである。それは此処で古来の祖師達が体得した普遍共通の純粋な境涯を、会員がその遺教を手本として工夫することによって改めてみづから体得し、そのみづからの体験の意義を確証するためであり、そして祖師達の無礙自由な普遍の境涯を根拠とし、出発点として、その自由な世界からその内容として発現する生命の自覚の道、生命の言葉の道である神道三種の神器の原理を究明し、把握し、活用して行こうとする為のものである。

すなはち本会が傍ら宗教研究を行ふのは、その事が目的であるのではなく、宗教を越えた人間性の普遍の道を学ぶために、一応従来の宗教上修証を通過しなければならぬための一つの過程、段階としてのものである。個人の魂の葛藤とその解決は私事である。布斗麻邇の開明宣揚は人類に普ねき公事である。然しみづからの此の私事を解決してからでないと世界の公事に携はる資格がない。

元来像法末法時代に於ける従来の宗教乃至哲学は、キリスト教にあれ仏教にあれ或は宗派神道にあれ、それは人生と世界の究極の完結された真理を示しているものではなく、来るべき救世主を迎へるためにみづからの心の中に「主の道を直くする」ための用意を整える教へであり、下生する仏陀を招来するための心の構へ方を指導してあるまでのことである。その来るべき主キリスト、下生する仏陀の実体は「神の口より出る言葉」の原理である Manna であり、「仏所護念」「一切種智」である三種の神器の神器であって、此の神道原理の世界、高天原の人となる為の初歩的、入門的修練と自証とが従来の像法末法時代の宗教の目的であったのである。

「第三文明への通路」で明かした如く、神の旧約が成立した時、同時に神の新約を実現するための心の構へを整へて置くために、人類が過去三千年間先祖代々修練を重ねて来た所のものが従来の宗教である。その為には少しは苦労もしなければならぬ事だが、「しばらく疑偽をいたして、のちの明証をいだす、まことに仏恩の深長を思ひ、人心の虚妄を恥ぢず」と親鸞が云ふ如く、しばらくじたばた悶掻いた後、一思ひにすっきりと高天原、極楽浄土に魂が住む人となって、其処に地歩を確立し、宮柱を太敷き立てて、弥陀の本願の実体である天津日嗣の経綸に参与し、その事業を自分なりに分担実践するのである。

宗教とは人間生命の純粋創造の道である。社会に制約されず、生活に拘束されず、権力に圧迫されず、大宇宙におのづから発現した生命体としての本来の人間の道を、その有終の目的に向って創造建設して行く道である。キリスト教や仏教は社会と自己の制約や拘束から解放され解脱して、その純粋創造の境涯に達する道である。

哲学に純粋経験 pure experience（W.James）と云ふ言葉があるが、純粋創造とはその純粋経験を意志の創造活動の世界に移したものである。然しながらその純粋創造の道には人類の性能と宿命として、本来のおのづからなる軌範制約が存する。これは社会制約ではない。社会は人間が自由意思を以て創造構成したものであって、その社会制約は本来の自由人を制約するものではない。この人間の性能に関する大自然からの基本制約を「神と人との間の永遠の生命の契約」（創世記）と云ふ。その生命の契約の全体系を布斗麻邇と云ふ。日本神道がその全体系の把持と伝承に任じて居る。

天津日嗣の神器であるその軌範制約の原理原律を鏡として、これに鑑み純粋創造としての文明の建設経営に誤りなきことを期するのが神道である。すなはち生命の鑑を鏡として斎き祭って、これに則る道が神道であって、神道と称しながら鏡の意義と内容を弁まへず、鏡を鏡として揚げることなく、これに則ることなく、個人独自の見解を説き且つ行ふ者は神道ではない。その様な者は仏教に於ても独覚者辟支仏であって真仏ではない。

鏡を鏡とする為には純粋創造の境地に立って、先づ鏡の内容としての人間性の全局に就て学ばなければならぬ。学んでこれを明かにした上で初めて鏡が鏡としての意義を発揮する。すなはち人類がその自己の内容を自覚した完成体が人類自己の鏡となるのである。すなはちその完成された原理の実体の御名を天照大御神と号けて、高天原純精神界の主宰神として斎き祭ったのである。これを卑近の例に示せば、自己の思索の結論を簡単なモットーに書きあらはして、床の間に架け掲げる如きことである。そこでその鏡を鏡とするための前提として、先づ生命の純粋創造の精神的境域を開く過程として、思い上った従来の自己のあらゆる観念を一擲し、慎ましくへり降って、改めて初めから出直すために念仏や禅や聖書を我々は学んでいく。

1. 弥陀の誓願不思議

阿弥陀仏の実体は宇宙の生命意志であり、限りなく此の世界を善くして行こうとする愛と叡智の活動である。この活動を更に芸術的に描き出して釈尊が阿弥陀仏と号けたのである。念仏とは信心である。仏を思い、仏の存在を真（信）と自覚する心であるが、その心は同時に仏を思い、仏から思はれ、仏に思はされる心である。この思ふ心も、思はれる心も、思はされる心も一つであり同時であって、道元はこの事を「法を証し、法に証せらる」と云っている。親鸞はこれを「如来からたまはりたる信心」と云ふ。信心とは信じようとする心、信じたいと思ふ心ではなく、既に信じている心であり、信じる信じないに拘らず真実であるところの信そのものである。

釈尊は阿弥陀仏と云ふ特殊な名を掲げ、その広大な功徳を描き示して、衆生に渇仰の心を起さしめた。やがてその渇仰希求の心を転じて普遍の真実在に到らしめようとしたのが、方便としての浄土三部経説法の意義である。法然の導きに従って此の方便の門をくぐった親鸞が、方便を乗り越えて、釈尊が説こうとした真意である真実在に突入し得たところに浄土真宗の面目がある。親鸞が使ふ用語は方便教に用ひられた言葉をそのままに使用しているが、然しその用語に盛られた内容は既に方便ではない事を承知しなければならぬ。誓願不思議とは説明し得ないから不思議と云ふ。宇宙の生命意志が何故に愛と叡智の十字の形に現はれるか、その理由は人間には判らない。人智が到達し得る極限を越えたものが不思議である。人間に判らぬこと、判り得ないことを判ろうとしてはいけない。其処が人間の限界である。その限界から引き返して人間の分際を全うする道が神道である。

初め特殊の世界の事として西方浄土の舞台に描き出され教へられた弥陀の本願は、実は特殊の事ではなく、当たり前の事であり、普遍的な事である。普遍であるから本願には老少、善悪の人を選ぶことがない。人間である限り悉く生命意志の帰趨する所、歴史の必然の趣く所、すなはち本願の向ふ所に連れて行って貫へる。この事実を自覚した心が念仏であり、信心である。宇宙に生命意志以上に大いなる善意はない。またその生命の法則によって転輪が行はれる兆載の悲願以上に正確な経綸はない。すべての善も悪も悉くこの意志、この経綸の内容であり顕現であり、部分である。

生命である神、仏は一切の衆生を何処までも善くしようとして永遠の活動を続けている。一本の杉の苗木が三千年の齢を保ち、数十米の喬木になるのでなければ、神は本当に満足しない。これが生命の心である。世界にこの生命の心以上に大いなる善はない。悪が如何にこれに反抗しても、この大いなる善を超ゆる事がない。悪とは母親の懐の中でむづかる嬰児のようなものである。その母親のふところ（太心）の心が布斗麻邇である。

2．おのおの十余箇国の

キリスト教や浄土教のような方便教で、特殊に樹てた仮の目標を哲学上では媒介と云ふ。方便教にはひとつの綾があり、それはひとつ捻ってある教へである。極楽の荘厳な綾どり色どりを見せて招くのでなければ衆生は渇仰の心を起さない。理想の人間像を掲げて、そのキリストが神の子であることを汝みづから証明せよと云ふのがキリスト教の立て方である。楽土の荘厳と如来の活動を説いて、然も「阿弥陀仏ここを去ること遠からず」（観無量寿経）と云ふ事を知れ、すなはちその阿弥陀仏を今此処に発見せよと云ふのが三部教の教への立て方である。要約して云ふならば、キリスト教も浄土教もその教義教理全体が夫々一つの禅の公案のようなものである。

親鸞はこの方便の綾やひねりをすっきりと卒業した所に住している。その念仏は仏と一体のものであり、その信心は物欲しげな要求ではなくして、然も限りなき讃仰である。念仏は仏自体の思惟であって、其処から知識が無限に出て来る源ではあるが、思惟された知識ではない。この源さへ判れば知識は第二次的、第二義的のものに過ぎない。「門徒物しらず」であって、何の知識の用意がなくとも、必要な智慧はその時その場に於て仏から現はれて来る。

神仏はみづからの修業を以て求め得るものではなく、念仏信心はみづからの努力をもって獲得されるものではなく、求めなくとも実は初めから宇宙に存在し活動している。故に「如来より賜はりたる信心」と云ふ。然しその半面求めずしては神仏に至り得ない。みづから桑の葉を探し求めて食べる努力なしには、蚕は蛹にも蛾にも成り得ない。あらゆる工夫修練を凝らして求めても求めても求め得られず、その己れの計らひに精魂が尽きて、絶望に頻しながら、然も望みを捨てない時、今までの自分の計らひが無価値無意義であったことが痛切に反省される。そして今までの物欲しげな思ひ上がった思ひが、霧が晴れて行く様に消えて行くと同時に、自分が此の世の最も低い所に生きている事に気が付く。

「水底の岩におちつく木の葉かな」（丈草）これは彼の悟りの句である。世界のどん底の隅っこに踞まって生きている小さな蛆虫にも似た自分であり、自分で自分を救ふことの出来ない自分である現実を嫌応なしにみづから承認せざるを得なくなった時、その時忽然として今までに経験したことのない広々とした世界が開ける。そしてその広々とした世界に在まして、この無価値な自分を決して見捨てることなく、限りなく慈しみ育くみ生かして下さっているところの、今まで自分が気付かなかった大きな意志があることに眼が覚める。この世界が法界、神界、高天原と云ふ大宇宙であり、この大きな意志が神仏である。

1	仏陀	イ
2	菩薩	エ
3	縁覚	ア
4	声聞	オ
5	衆生	ウ
6	天人	ウ
7	修羅	オ
8	餓鬼	ア
9	畜生	エ
10	地獄	イ

図表8. **イエアオウ之図**

その地獄の底に尻を落付けた時、初めて神を、仏を高く広く無辺の世界に仰ぐことが叶ふ。其処を下座と云ふ。この世のどん底の心から仰ぎ見るからこそ、神仏はいよいよ尊く仰がれるのである。富士山は清見潟の海面から仰ぐ時一番美しい。

またこの時自分の努力を以てしては真実に到り得ないことが判るから、古来の聖者達の教へとその伝統が、直接の神仏、宇宙意志からの啓示と同じ意味で尊く慕はれる。一旦神仏の世界が開けると、広々とした宇宙の中の生命から智慧は自分を通して限りなく湧いては来るのであるが、然しこの時その自分は元来無価値無力であって、何物でもない存在であることを見失はない時、限りなく湧いて来る如くに見える智慧も、おのづからその人の個性因縁によって制約を受けていて普遍なものでないことが反省される。だが此の個人に現はれる智慧の限局性に気が付かぬ時、いきなり「即身成仏」の観念が生じる。その限局された独自の知性のあらはれをそのまま無限のものと思ひ錯って、自負し横行する時日蓮からたとえば「禅天魔」の批判を受けなければならない事となる。所詮辟支仏である。

親鸞はこの時慎ましく、釈尊から法然に至る法の伝統をその易行道の鏡と仰いだ。その如く我々は、世界を経綸し給ふ皇祖皇宗の御遺訓である惟神の原理布斗麻邇を普ねき人間性の鏡として奉戴し、これに準拠し、いよいよその原理の堂奥に到らんことを祈念し努力し工夫する。斯の如きを菩薩行と云ふ。法華経は菩薩行の指導書である。菩薩を導いて仏陀に至らしめる道の手釈きである。

3. 善人なをもて往生をとぐ

これは「悪人正機」と云はれる逆説であるが、弥陀の本願の意義からする時、救ひ難き最後の悪人をも救ふのでなければ弥陀は正覚を取らずと誓願を立てた。悪人とは他人ではなく、自分自身のことである。煩悩熾烈で途方もない悪因縁悪業の底に居て蛆虫のように徒に蠢くだけで、それを出離解脱する機会のないその自分が間違いなく救はれて、育てられて行く。

弥陀の大乗の願船は世界三十億の人類を次々に乗せても、その最後の一人を乗せるのでなければ決して纜を釈かない。その最後の一人は此の途方もない悪性の、善い加減な、出鱈目ばかりの我みづからである。出鱈目な自分だからこそいよいよ救はれなければならない。仏の目標は箸にも棒にもかからぬその最後の一人にある。神の愛は迷へる最後の一匹の羊に注がれる。悪人でも救はれるのではない。悪人なればこそいよいよ救はれるのである。恰も親に取っては愚かな子ほど可愛い如く。

4．慈悲に聖道浄土のかはりめあり

「惻隠の心は仁の端なり。」（論語）で、あはれみの心は哲学宗教の基礎であるが、ともすれば自己満足に終り勝ちである。所謂人道主義は宗教的なものにせよ、社会思想的なものにせよ、世界の現段階にあっては結局は資本主義の番犬であり、緩衝装置でしかない。この故にまこと此の慈悲終始なしである。世界の平和を願ひ、平和を祈る企てが如何に力なく、空しく消えて行くかを思ふ時、本気になって深刻に反省しなければならない。親鸞は先づ念仏して仏の心となり、仏となって初めて本当に世界を憐れみ救ふことが叶ふと教へる。まことに念仏の実現以外には世界を救ひ得る道はない。仏の心にあらざれば世界を救ふ法は樹たぬ。その仏の心の実践が四十八願であり、四十八願の正体が四十八の摩尼（言霊）である。

5. 親鸞は父母に孝養のためとて

親孝行の場合もまた右と同じである。「定省温凊」（論語）は大事なことであるが、然し何が完全な親孝行であるか決定することがむづかしい。それよりも世界の文明の大局に立った四十八願の成就こそ、即ちその人類文明の完成こそ根本的な大孝でなければならない。

自分は親不孝者だと思っている。親孝行と云ふことを考へる余裕がなかった。若い時から神や仏を探し求めて親に苦労をかけた。その子がお金儲けもしようとせずに、わけの判らぬ煩悶をしているのを心配そうに見ている両親の顔を見るのが辛かった。父は自分が二十五の時亡くなった。母が生きている間は自分は神を探すことを止めようと決心したが、間もなく母も世を去った。自分のために父も母も早く死んで呉れたのではなかろうかと恐れた。

遺して呉れた財産も忽ち使い果して無一物になった頃、初めて神代歴史と言霊学の師に廻り会って、ようやく自分の一生の方針が定まった。それから今日まで三十余年、表面の紆余曲折は色々あったが一筋の道を辿って来た。この道そのものに誤りはない事が自証される。然し自分は決して世間で云ふ親孝行はして来なかった。だが自分が従事している道が生き通しに生きている祖先の遺志を実現する道であるからには、これこそが末通った親孝行でなければならぬとほのぼのと思ふ。

6. 専修念仏のともがら

「親鸞は、弟子の一人ももたずさすらふ」とは素晴しい言葉である。普ねき宇宙の生命意志がその生命意志自体を念ずる念仏に、師匠も弟子もあるわけがない。夫々に信心の決定如何の相違、上根下根の差異、魂の因縁の差別があろうが、おしなべての同行である。

同様に神道を説き教へる上に於ても、師弟の関係は本質的には成立しない。この時本当に師とすべきは、主師親の三得を具備する天津日嗣の師の徳自体である。第三文明会の会員は先輩と後輩の差はあろうが、また精進する者と怠惰な者との違いはあろうが、一様に天津日嗣の生命の光を仰ぎ、学び、実践し、その世界への実現に努める同志であり同行である。布斗麻邇を説くとしても、それは天津日嗣の伝統の学であって、本来伊勢神宮、五十神神宮のものであり、個人の発見に係はる学説ではない。故に当面の講師、解説者、指導先達としての立場があるだけで、これを自説とし、自己の所論として説くわけに行かぬ。神道に教祖があることは笑止である。

神道の原理と歴史を説く時、「私」とか「自分」とか云ふ第一人称の代名詞は要らない。「私は斯う思ふ」「私は斯う信ずる」と云って説くならば、それは布斗麻邇の講義とはならない。神の言葉に曖昧はない、必ず断言であり断定である。親鸞が「如来よりたまはりたる信心」と云ふ如く、それは自分の信心ではない。「南無阿弥陀仏」とは阿弥陀仏此処に在りと云ふ宣言であり断言である。神道は天津日嗣に属し、布斗麻邇、三種の神器の学は皇祖皇宗の神霊が説くのである。神道に先生が居たらすべて偽物である。

末法時代

一つの事実の意義を知るためには、これを人類歴史の全局から理解して行くことが正しいやり方である。千早振る神代とは道が早くから振興していた時代と云ふことである。それは人間性の全貌が明らかで、心に迷いなく秘密なく、社会の律法として道義が普ねく行はれていた時代であった。然るに三千年昔、世界を知食す天津日嗣の宏謨によって、神代の社会に於ける律法制度の運用が一旦停止され、爾後全世界を挙げて生存競争、弱肉強食の覇道の時代に入った。この後三千年にわたる経綸によって、人類の第二の文明である科学の発達を促進させるためであった。この事を神道の命題を以て神話的に説くならば、天照大御神が知食す神代の時代が終って、大御神が天の岩屋にお隠れになり、代って弟神の須佐之男命及びその後継者である大国主命が世界を領有する時代となったのである。

爾来今日に至る三千年間の経過を正法、像法、末法の時代に分ける。日本に於けるその間の正法時代と云ふべきは、神武維新から崇神朝の神器の同床共殿廃止までの神代に接した期間である。像法時代は奈良朝、平安朝の哲学理論と仏教芸術の時代であり、そして末法時代は鎌倉幕府以後の混乱流転の覇道時代、武家政治の強権時代である。

歴史が末法時代に降った時、やがて将来科学文明の完成と共に再び神代ながらに復古再現される正法時代、道義時代を迎へるために、すなはち天の岩戸を再び開くために、仏陀が出涅槃下生するために、キリストが再臨するために、天津日嗣の経綸に遵って日本人の魂の準備が開始された。キリスト教的に云ふならば、「天国は近づけり、主の道を直くせよ」と云ふバプテスマのヨハネの教への実施である。その任務を担当したのが、親鸞、道元、日蓮の三聖僧である。

先づ第一の親鸞は、爾後千年足らずの期間にわたる末法の時代に処するための、人間の魂の在り方、拠り所を確立した。それは来るべき正法時代を待ち望む意味としての、弥陀の誓願に対する浄信を以て此の時代を貫いて行くことである。

その親鸞の信を土台にした道元は混乱時代の只中に在って、本願の対象であり、仏の顕現そのものでなければならぬ自己の心身の正しい在り方を確立する日本的な行としての曹洞禅を樹立した。

次で親鸞の信と道元の行を受け継いだ日蓮は法華経を所依として、愈々末法の終末に当って正法が出現する事を予言し、且つその法の内容に就て天台の理論等を用ひて概説した。

すなはち親鸞は衆生位の者が拠るべき所を明らかにし、道元は進んで声聞、縁覚乗の者の修練の典型を示し、日蓮は更に菩薩乗の者が軌範とすべき「教菩薩法」の手釈きを行ったのである。三聖僧の指導と守護によって日本人は末法の過程である、特に南北朝から応仁の乱以後の戦国乱世と、爾後の封建制の強権政治時代を切り抜けて行くことを得たのであった。

降って徳川末期、本居、平田等の訓古学者の手によって、やがてその中から正法が顕はれて来る準備である神道の復原復古の努力が営まれて明治維新を招来し、爾後紆余曲折、今日に及んで漸く予定された天の岩戸開き、真仏法再現（出涅槃）の機運が熟し、我等がその先駆として起ち上って活動を開始したのである。

斯うした悠久の歴史的経過はこれを自覚するとせざるとに拘らず、すべて天津日嗣の宏謨経綸の然らしむる所であって、「長き世の遠の眠り」と云はれている人類の、特に日本人の三千年にわたる魂の眠りが、悪く云へば魔酔状態が順次再び正法時代へと眼覚めて来た過程である。だが斯うした魂の歩みを他人の事と考へてはならない。ひとごとと考へたら生命を失ふ。生命の玉の緒が永遠から永遠に連なり続いていることを見失なふ。また親鸞の念仏（信）、道元の軌律（行）、日蓮の題目（法）を夫々切離して宗派を立てて別箇のものに取扱ったら、その生命の相関相続の実相を見ることが出来ない。

斯うした意義の上から今は歎異抄をひもといて、末法とは何事であるか、この末法時代を生きて行く衆生としての人間性を如何に取扱ったらよいかと云ふことを親鸞から教はるのである。末法を卒業しなければ、換言すれば末法に徹しなければ、正法の世界に入ることは出来ない。末法の所以を明らかにすることは、広義に云へば歴史をお浚ひしてその本筋を摑むことであり、狭義から云へば自己の魂の解決、再建、再生、再認識、悔い改め、罪の赦されのためである。

斯うした歴史的経過を以て末法を離脱して天の岩戸開きが実現する。然しそのための魂の再生は、個人個人がめいめいに実修しなければならない。この講話は個人救済のみを目標とする従来の仏教の説法とは相違することと思ふが、親鸞を越え、道元、日蓮を越え、本居、平田を越え、更には明治以来の諸種の予言宗教を越えて、人類精神文明の基本原理を復古確立することが今日我等日本人の当為であり急務である。

7. 念仏は無碍の一道なり

弥陀の本願は四十八願である。親鸞は理論としての法は説かなかったが、四十八願は四十八個の布斗麻邇言霊の象徴と見るべく、観音の三十二応身は実相の変化の三十二子音に擬へたものと考へられる。この事は旧約聖書のモーゼの十誡が十個の道徳律であって、これを表十誡と称し、これに対する裏十誡が十個の言霊であることと意義を同じくするものである。

四十八個の言霊は諸法の実相空相の全貌であって、宇宙間のあらゆる天神地祇は悉くこの四十八言霊によって統理され、その中に包摂されぬ天神地祇は存在しない。この故に念仏信心は天神地祇の統合である。すべての神祇は「南無阿弥陀仏」（阿字）の実体から生まれて来る。「天龍寂かに聞いて、欣悦と生ず」（大乗決疑経）と云はれるが、念仏称名の声を聞いて神が悦ばなければその念仏は本当の念仏ではない。また念仏を聞いて悦ばない神あったら、その神は念仏の意義をわきまへぬ邪神である。

またこの様に念仏が最高の権威を示すことの半面、自分で自分をどうする事も出来ない始末に負へぬ自分の愚かさと罪深さとを、それがあるがままに承認して下さっている仏の慈眼の前に、故らな計らいを以て己を取繕ろうとすることを止め、有りのままの自己をそのままに認める時、人間は素裸の赤児の心に還へる。その時「浄裸裸、赤洒々」と瓢をたたいて喜び踊った人が空也上人であった。これを罪の赦されと云ひ、罪障消滅と云ふ。赤児は後悔以前の無後悔の状態、赦されたる者は懺悔以後の非後悔の状態である。その赤児が自分で自分の始末が出来るならば母親は要らない。

衆生が自分で自分の処置を誤りなく出来るならば仏は要らない。その仏とは宇宙の生命意志である大いなる吾みづからである。

8．念仏は行者のために

念仏は宇宙が宇宙を思い、生命が生命を思ふことであり、宇宙が宇宙の、生命が生命の仕事をすることである。宇宙生命は自分がやっていることを善い事とも悪い事とも思っていない。おのづから行い、やらなければならない事が行はれて行くだけの事である。「終日為して、未だ嘗て為さず」と云ふ。まことに非行非善である。

神道に神懸りと云ふ言葉があるが、生命意志の純粋の発露と云ふことである。不思議に思はれるのは、その神懸りの行為には疲労を伴はぬことである。疲労がきわめて少ないと云ふ方が正しいかも知れぬが、終日為しても疲れないから、未だ嘗て為さずと云ふ実感が伴なふのである。まことに菩薩の遊行である。

9. 念仏まふしさふらへども

鴨長明の方丈記に「念仏ものうく」とある。林語堂の「北京好日」の中に「惓うければ老子も読まず」とあった。「己は地獄も悪魔もこわくはない。その代わりに己には一切の歓喜がなくなった」。これはファウストの歎きである。念仏すれば瓢を鳴らして踊り廻はるほどに喜ぶべきことである筈だが、その踊躍歓喜の心がさっぱり湧かなくなることがある。心が閉されて広々した世界への出口がぴたりと塞がってしまふのである。その時は神界高天原の境涯からまるきりかけ離れた、捨てられた古靴のような自分である。魂の救はれを知らなかった以前そのままの自分であり、今でも時々そうした自分になることがある。そうした時初歩の間はどうしたことかと非道く戸惑ひあはてたものであった。親鸞と唯円はこの問題を上手に解決している。自分もその閉鎖拘束から自由に脱出する道を見付けることが出来た。

それは糞壷の中を這ひずり廻はっている歓喜も希望もない蛆虫が自分自身であることを、もう一度振返って確認することである。そうするとその蛆虫が生きていることの大きな不思議、生かされていることの不思議が思ひ浮べられる。蛆虫のままで糞壷の中に閉鎖されていることが、その侭で広々とした宇宙の中に生かされていることに気が付く。「とても地獄は一定すみかぞかし」親鸞は云ふが、その地獄の底の境涯に閉鎖されて住むことが、そのまま法華経の云ふ「菩薩の興盛にさふらうこそ……踊躍歓喜のこころもあり、いそぎ浄土へもまひりたくさふらはんには、煩悩のなきやらんと、あやしくさふらひなまし」。実に遠慮なく言ひ切っている。逆説だから誤解され易い言葉であるが、信心が確立しているから斯の如く言ひ切れるのである。信心の確立なくして斯く言ったならば酔払いの世迷い言に過ぎない。これは理屈ではない。親鸞と唯円の切実な体験から滲み出て来た言葉である。

自分もまた此の離脱法を承知して、以前のように驚ろいたり慞はてたりしなくなった。

意識や記憶や自戒の奥から外から我にもなく忽然として催して来る宿業の顕はれをみづからの力ではどうすることも出来ない、そのみづからの力の範囲内では宿業だけが、宿業だけを生きている自分であり、その宿業のあらはれが現実の有りのままの自分であることを率直に認めて、これを胡麻化したり嫌悪したりしてはならない事に気が付いた時、その有のままの宿業を、宿業のあらはれの心を静かにみそなはしていらっしゃる存在を知る。「慈眼視衆生」（普門品）が仏であり、因果を昧まさないこと自体が仏である。煩悩を離脱する道は煩悩を煩悩とする事である。云ひ換へれば煩悩から離脱しようとしない事である。「煩悩を断ぜずして涅槃に入る、これを宴座となす」（維摩経）。宴座とは念仏唱名である。

それにつけても宿業の相続流転輪廻の中にまみれ喘いでいる、箸にも棒にもかからない自分の如き人間のために弥陀は兆載の悲願を立てられ、天津日嗣は実際に天孫として降臨されて、道徳（精神文明）と経済（科学文明）の両面に亘って悠久の経綸施設を続けて居られるのである。この事を思ふ時、自分は自分の宿業の拙なさをただ恥ぢてだけ居るわけには行かなくなる。我みづからの為に我が心の明滅を苦に病んだり、その苦悩の中に沈潜したり、それを弄んだりして居るわけに行かなくなる。その宿業と煩悩を引擦ったまま、自分の愚かさと微力を省みず、その微力の全部を挙げて経綸の宏謨に参与しなければならぬと云ふ意欲が湧いて来る。

「仏恩の深重を思ひ、人心の虚妄を恥ぢず」と親鸞は云ふ。時に生活の窮迫に陥って明日の方針が立たなくなる時、却って皇運扶翼の時は今日一日を措いて他にないと思ふ。心が曇って喜びが湧かない時、だからこそ弥陀仏はこの様な自分を憐れみ育くみ、皇祖皇宗は自分の上に神道の教へと経綸を垂れ給ふたのだと思ふ。

こうした調子で神界高天原への転帰以来今日まで十数年の月日をどうやら一筋に通って来た。自分には自分の力量を客観的、社会的に評価してみる暇がない。自分をドン・キホーテだと思っている。心に憂いが満ちて、喜びが湧かなくとも、ファウストのように魔界を彷徨することがない。

御恩奉謝、神命奉行、皇運扶翼に就てまた斯うも考へる。自分が従事している仕事は凡そ人間が為し得る最高の事業であり、最大の難事であり、ハーキュリーズの仕事である。彼は古への神族テイタン（プロメシウス）の縛を解放し、百人の処女を一夜にして身籠らせた（こうしたことの布斗麻邇としての意義の説明は省略する）。だが然しこの怠惰にして知慧にも知識にも乏しく、健康にも経済にも恵まれていない悪因縁の人（悪人）を選んでこの偉大な事業に従事する一員に任じて下さった神の信頼と恩恵を思ふ時、こうしては居られない、何かしなければならないと思ふ。新らしい勇気が身内から湧き上って来る。長年のどん底生活の中に年老いて行く自分自身であることを忘れる。

10. 念仏には、無義をもって義とす

南無阿弥陀仏には限定限局された意味はない。一切であるからである。説明はつけられない。弥陀仏を称へて無量寿光と云ひ無碍光と云ふ。強いて号けて道と云ひ、玄と云ひ、実在と云ふ。

仏が衆生を拝がむ

冬の暁方夢を見た。母のお伴をして青山の菩提寺にお参りして、御本尊の阿弥陀様の前に合掌して「南無阿弥陀仏」と称名した。この時ふと気がつくと、阿弥陀様が手を合はせてこちらを拝んでいらっしゃる。自分が阿弥陀様を拝んでいると思ったら、阿弥陀様が自分を拝んでいるのである。歌が口を衝いて出て来た。「よく見れば弥陀がわたしに手を合はす南無阿弥陀仏……」。阿弥陀様が何故自分を拝むのか、その心がはっきり判った。

その日散歩に行った時この歌を次のように作り直した。「思ひきや弥陀が衆生に手を合はす南無阿弥陀仏……」。衆生が弥陀に「頼む」と念じると、弥陀もまた衆生に「頼む」と手を合はす。遠い遠い西方で弥陀仏はせっせと浄土の建設にいそしんでいると教へられるが、それと同時に「阿弥陀仏ここを去ること遠からず」（観無量寿経）と記されてある。遠くない弥陀仏の居所とは実は此処より他にない。その弥陀仏は仏であるから肉体がなく、手も足もない。法体理体の仏としたら考へる頭脳もないわけである。然し肉体がなければ実際の浄土建設は不可能である。架空の観念を出ない。

この為に阿弥陀様は約束ばかりで何も出来ない、手も足もないからだ。その約束はそのままでは空手形である。然し釈尊が裏書きしてある仏の約束を不渡りにするわけには行かない。この時弥陀の心を心とし、弥陀の手足となって実際の活動をする者は私達自身、私自身を措いて他にはない。弥陀が衆生に「頼む」とおっしゃるのはこの事である。我々は弥陀仏の手足であり、弥陀仏の頭脳である。生身の弥陀仏は我々衆生を措いて存在しない。

この世界の文明は皇祖皇宗天津日嗣の御経綸に係はる所である。歴史的に見れば皇祖皇宗は既に居ない過去の神々であるが、我々自身が神代から死ぬことなく、世代を通じて、生き代り死に代り生き通しに生きている神代（神世）の神そのものである。その祖先の神々が子孫であり、その神々自身である我々に向って、此の国家を、此の世界を頼むよと仰言っている。個別的、感覚的に見たら祖先と子孫とは別々のものであるが、実は連続している一つの生命の流れである。子孫は生身の祖先そのものに他ならぬ。

弥陀と皇祖皇宗と我々の祖先と我々自身は一つの生命の玉の緒の連鎖である。その連鎖は霊魂の相続であると同時に肉体の連続である。この霊肉の連続が神道であって、この場合その連鎖がただ霊（心、魂、精神）のつながりとのみ見るのが仏教の伝統であり、信心の相続である。死は仏教やキリスト教に於てだけが取扱ふ。生命を霊魂と肉体に分離するからである。神道には死はない。ただ天壌無窮、万世一系の生命の循環的連続があるだけである。

11. 一文不通のともがら
（誓願不思議名号不思議）

弥陀の誓願も名号も方便の範囲内のものである。親鸞は三部経の方便に導かれて入信したが、彼自身は既に方便の世界には居ない。信じたいと願い、信じようと努める彼方に、わが計らひを越えた信即真の世界が開ける。その時方便がその役目を果して、方便がそのまま真であることの証明が成り立つ。然し真の証明が成り立たなければ、方便は依然方便のままで偽疑が低迷するのである。

12. 経釈をよみ学せざるともがら

念仏に学問は要らない。念仏から学問を導き出そうとすれば幾らでも出て来るが、念仏は学問以前の世界であって学問することは念仏にはならない。一文不知の尼法師でも直接に仏の心を心となし得て「去来現仏　仏仏想念」の世界に住することが出来る。そうした人々を浄土真宗では妙好人と云ひ、正定衆と云ふ。宗門に権勢を振い、大学の講座に理論を弄ぶ人達が必ずしも正定衆であるわけではない。却って地方の草蒙の間にそうした人達が多いことだろう。学問のために妨げられ、禍されて念仏に格り得ぬ人の方が寧ろ却って多く居るのである。経釈は仏の思惟の所産であり結果であって、念仏はその仏の思惟そのものである。

念仏と同様に永遠の神々の在す神界高天原の人となるために学問は要らない。またその高天原の中実である言霊も所謂学問知識の部類に属する事柄ではない。言霊は学問が発生する以前に存在し活動している人間内奥本具の精神活動である。すなはち言霊学と念仏とは全く同じ立場に於ける精神活動である。学問なしにその世界に到達することが出来、また学問を超越した時初めてその世界に入る事が出来る。然し一通りの学問常識がある時、言霊は学問知識そのものの体系組織を作り上げる。

然し解説である経釈を知ることは仏そのものを、すなはち仏教の本意を掴むことではない。神道の解説は神道そのものではない。「故聖人のおほせには、この法をば信ずる衆生もあり、そしる衆生もあるべしと、仏ときおかせたまひけることなれば、われらはすでに信じたてまつる」。浄土三部経やキリスト教は他力を立てた方便経である。方便とは真理に到達するために、その一歩手前に仮説の目標を定めて、衆生をして先づその目標に対する渇仰心を起させる芸術的な便法である。芸術観をもととするから、それに対する渇仰心、信じたい心と云ふ欲求が起らなければ方便が方便の役をしない事となる。自己の感覚生活、官能生活、経済生活と自己の経験知識を強く固執し主張する人、詩や歌のない芸術観の湧き難い、憧憬のない、理屈っぽい人々は他力の方便教に入り得ない。渇仰の心を起して信じたいと願ひ、信じようと工夫する努力が他力信心への道程である。故に人類の全部が浄土教やキリスト教に入り得るわけのものではない。「信ずる衆生もあり、そしる衆生もあるべし」と云はれる通りである。

そのためには更に方便を用ひずしていきなり端的に真理真実を挙示する禅のような法門も存する。またどうしても自己の感覚官能、経済生活、経験知識を固執する我侭の強い人には憲法、法律と云ふ社会律法を以て、すなはち権力を以て臨まなければならない事となる。他力の法門を通るには「たとへ法然聖人にすかされまひらせて、念仏して」と云ふ信心、信仰、信頼、信用、渇望の心が唯一の導きである。この渇仰の心を何処までも純粋に把持し貫徹して行こうとするところに、他力の方便を卒業して方便そのままが真実であることを自証する境涯に到達する道が開けるのである。その方便を超えた時、他力浄土教がそのまま真言や禅と矛盾することなく一つに融け合ふのである。他力宗教は衆生を導く仮（権）りの道程手段である。

二つの宿業

親鸞は人間の営みのすべてを宿業に帰した。全く人間万事宿業の現はれでないものはない。その宿業に大小二通りある。一つは人類全体の宿業であり、他は個人の宿業である。この二つの生命の業と生活の業と云ってもよかろう。二つの業は譬へば洋々と流れて行く水自体の動きと、その河の表面に現はれる波紋や泡沫の関係にある。

前者はキリスト教の生命の河の流れであり、神の摂理であり、神道では皇運（スメラギノメグリ）と云はれるところのものである。千年、三千年、八千年を変化の節（周期）として流れて行く。然もその相は絶えず変化しながら、常に基本原律は変はることなく、天壌無窮、万世一系に発展して止む所のない人類文明の趣向である。

後者は個人の日常生活の上、その一生の上、或は思想団体、政治経済団体（法人）の上、或は氏族や民族や国家の上に、喜怒哀楽、利害得失、治乱興亡、栄枯盛衰と云ふ眼まぐるしい相の変化を現じながら、それ自体では何等発展も進歩もなく、同一の輪廻を繰り返へすに過ぎないものである。

仏説の弥陀仏の本願成就の過程は、この人類の大きな宿業の流れである生命の河が究極の完成に向って悠々と流れて行く道を芸術的に描き出したものに他ならぬ。その表現は西方の彼方に描いた絵姿であるが、その実体は人類の生命の河であるから、単なる架空の想像ではなくて、真実の実体を背景としての方便であるから、この故に正法の信の対象として求めて行っても誤りのないものである。

但し此の方便としての西方浄土建設の物語は、これに信を帰する上に於てやがて体験自証される内面的精神的な真実であって、それ自体ではまだ現実のものではない。またこの事をキリスト教の教義のように生命の河の流れと称しても、その実体を把握し、その原律原理を明かにしない限り、猶ほはっきりとは認識し得ない宗教的な信条（ドグマ）に過ぎない。

然らば何が実際の弥陀仏の活動であり、何が事実としての生命の河の流れであるかと云ふことを確証確認するためには、念仏の浄信と聖書への信仰を転じて、すなはちその方便やドグマに対する信仰をその通りに把握したまま、それを更に一層具体的具象的に深めて行って、天津日嗣の世界経綸の事実に想到して、その悠久広大な歴史の推移の中にみづからの生命の営みを拡大し投入して行かなければならない。すなはちみづからその悠久の宿業の流れの中の水の一滴であることを自覚しなければならないのである。

此処で云ふ天津日嗣とは従来の神道や憲法の上で考へられていた様な、民族の宗家とか国家の元首とか、或は最近のように民族統合の象徴などとして規定され、考へられている意味での天皇のことを指しているのではない。これは仏教的に云へば生身の阿弥陀如来であり、普賢菩薩である。キリスト教的には摂理の運営者と云ふことである。

それは広義の上から云ふならば人間自体、人類全体のことであり、理論の上で云へば人間性の全内容のことであり、哲学的に云へばその人間の知性の全内容であり、且つそれを継承し把持し活用する責任者のことである。これをスメラミコトと云ふ。言葉（ロゴス）

の統卒者の義である。その人間性の原理の完成体を三種の神器と云ふ。すなはちその神器を把持運営する世界的歴史的責任者が天津日嗣の伝統であり、これが天皇の本質である。

但し現在の日本に於ては天皇のこの本質は全く放擲没却され、特に現行憲法で「国民統合の象徴」と云ふ抽象的概念を以て規定されている天皇には、天津日嗣の意義は存しない。

人間にはこの様に大小長短二通りの宿業の流れがある。大多数の人間は個人や家族や会社や、民族や国家を単位とする小さな短い宿業の中に跼蹐拘束され、行く先を知らずに輪廻流転することだけを生命現象の全部、人生の実相と見ているが、そのあはただしい輪廻の底にはこれを自覚するとせざるとに拘らず、神の摂理すなはち天壌無窮、万世一系の皇運（スメラギノメグリ）である天津日嗣の経綸が堅実な悠久の歩みを着々と展開しつつあるのである。

個人乃至民族国家の宿業に浮沈没在輪廻することが迷いである。その小さな宿業を宿業と観じながら、その中に浮沈しながら、それを引き擦って行きながら、更にその上に悠久にして広汎な全人類の生命の趨勢を自覚し、その運行にみづから参与することが悟りである。親鸞は末法時代の初めに当たって、弥陀の本願と自己の煩悩と云ふ名を以って、この大小二つの生命の流れの体と相とを、素朴な態度からではあったがはっきりと識別し得た最初の人であった。

彼はその悠久の宿業の流れに棹さす道を専修念仏とし、御恩奉謝であるとした。この末法時代に於ける菩薩行である親鸞の念仏と報恩の浄信をそのままに具体世界に、歴史の実際の運行の世界に移行して、天壌無窮の天津日嗣の御経綸の実際に参与することが神道の皇運扶翼の道である。

その皇運扶翼の刻下の仕事は、人類が嘗て既に完成し保存している第一の精神文明と、今間もなく完成されようとしている第二の科学文明を照合して、霊体、物心一致の第三文明時代を実現することにある。この時親鸞が明かにした念仏の心を自己の心の根底とすることが皇運扶翼の大業に参与する者の必須の心構へである。「下津磐根に宮柱太敷き立て」と云はれるが、親鸞が已れの処るべき「一定の住みか」と定めた地獄のどん底こそ、そのまま行的に云へば神道の下津磐根の場所である。方便としての念仏ではなく、真実の念仏こ

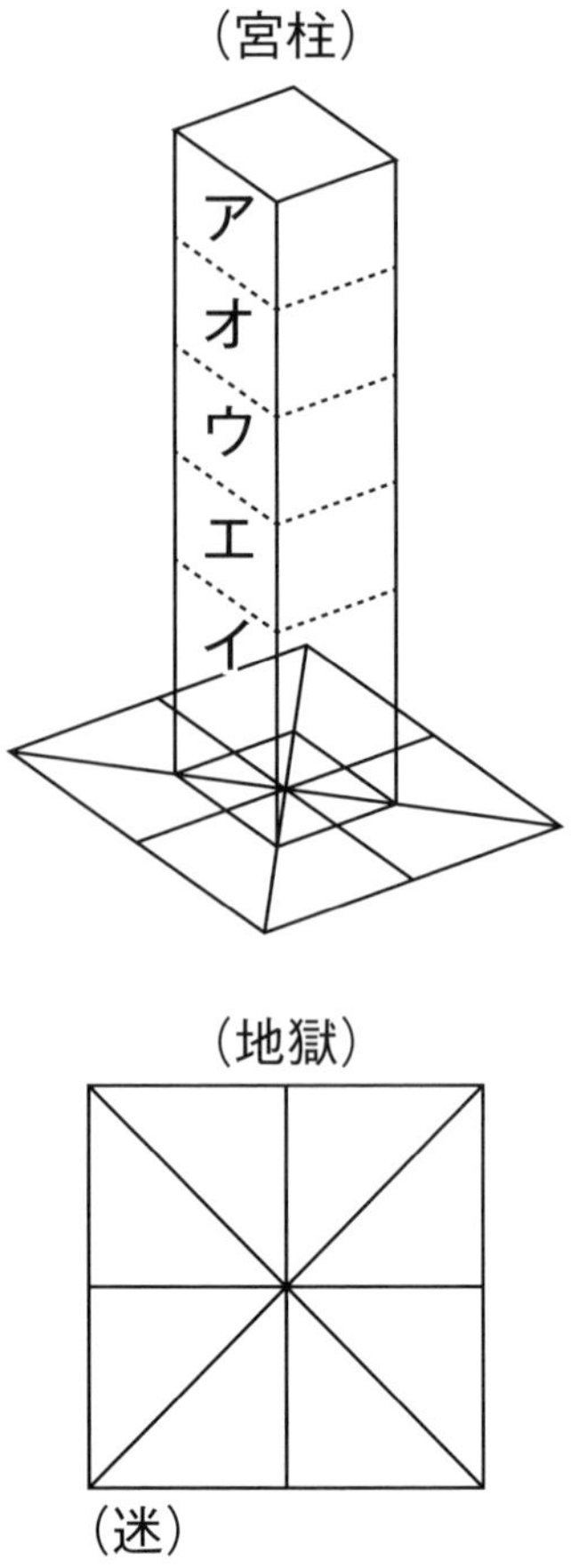

図表９．**下津磐根に宮柱太敷き立て之図**

その高天原の神道に入るための入門であり、その専修念仏すなはち神が思い、仏が思ふことは高天原に於ける神の活動の端緒である。

13. 弥陀の本願不思議におはしませばとて

教行信証にも「ほかに賢善精進の相を現ずるを得ざれ、うちに虚仮をいだけばなり」とある。輪廻する業縁に没在し、みづからの計らひ努力を以てしては離脱する機のない世の中の憂き衆生として、世の行末を見究はめる智見も、みづから何を為すべきかを定める智慧もなく、官能に追ひ使はれ、利害にあくせくし、他人の知識に引きずり廻はされて喘ぎ喘ぎ生きている我みづからの姿が虚仮である。このみづからの愚かさ、無力さ、くだらなさを知った時、そしてみづからの努力をもってしては遂にそれ以上の何者でも有り得ないことを知った時、その愚かな無力の自分が生きているには世のどん底、社会の片隅こそ応はしい場所だと知った時、その下座のどん底から初めて仏の色身、仏の世界の荘厳を仰ぐことができるのである。

虚仮に位階も称号も勲章も要らない。みづから恥ぢることを知る者は、沐猴にして冠するることがその上の恥ぢであることを知っている。若い時の師匠だった西田天香氏は、九十余歳の今日でも黒い袖の上っ張りを着ている。「慚愧の上服」を着て、然も「真身を華蔓となす」（維摩経）ものが仏教者である。

「もったいなや祖師は紙子の九十年」と云ふ。この時仏に対する衆生としての側ではなく、衆生に対する仏の側に立って、仏教の云ふ摩尼宝珠、白法、一切種智である布斗麻邇、三種の神器を操作する者として、その慚愧の黒衣を清浄な白衣に着換へた者が神道者である。仏教的、キリスト教的な懺悔を経ることによって、すなはち仏教者の黒衣、或はキリスト教者の灰色の法衣を纏ふものにして、初めて神道の門に許されるのである。その道程を明かにして呉れた人が親鸞である。

14．弥陀五劫思惟の願をよくよく案ずれば、ひとえに親鸞一人がためなりけり

この事は冒頭にも説いたし、その他の機会にも今まで繰返し申上げた所である。五劫思

惟と浄土建設の大業を天津日嗣の歴史的な御経綸に置き換へた時、自分は神道の門に入り、御経綸の歴史的過程を理解することが出来た。「我が皇祖皇宗国を肇むること宏遠に、徳を樹つること深厚なり」と教育勅語に述べられた限りなき皇恩は、小笠原に取っては小笠原一人のためである。後藤氏に取っては後藤氏一人のためであり、柳瀬氏にとっては柳瀬氏一人のためでなければならない。何故ならば、その宏恩に切実に感佩随喜し得る者は、この一人のわれみづからであるからである。前述した子供が云ふ様に「私のママ」であり、我が仏であり、我が神であり、まこと「我が皇祖皇宗」である。

この感激と自覚の上に御恩報謝、すなはち皇運扶翼の大行が開始される。神道の言葉ではその大行を復命とも云ふ。そして此の皇運扶翼の決意がやがて、我みづからが神代から生き通しに生きている不死不滅の神人（かみ）そのものであると云ふ自覚に連なって行くのである。

むすび

以上をもって前後五回にわたった歎異抄の講義を一先づ終わることとする。三千年来の人類歴史の大転換期に際して、これに処し、これに従事する心の構への手解きを親鸞に就いて学ぶためであった。

従来の仏教的な説き方からはかけ離れた神道者の勝手なあげつらひを申上げたわけかも知れないが、親鸞が体得した浄土真宗の信心を、これから全人類の上に開けて行く新たな第三文明時代である正法時代に、結び、連らね、生かして行こうとする意図以外に更に他意はない。浄土真宗の人達が七百年の間純粋に保って来た宗門を開いて次の時代に飛躍する時である。

昭和42年9月〈記〉

神道から観た
無門関講話

本書に於いては、原文を掲載しません。無門関を傍らに開きながら、本書をお読みください。

七月二日の雨の降る午後、千駄ヶ谷の富士駐車場事務所（安西達子氏経営）に集って、少人数で静かな会合を開いた。先づ原文を日本語で諸氏に誦んで頂き、それに基いて一々解釈を加へながら話し合ふ方法をとつた。話している間におのづと神が活らいて行く。神道との結びが明かになつて行く。これから五、六回は続ける予定である。講義のために予め何の用意もして来ない。ぶつつけ本番で話し合ふ。

神道の入門として歎異抄を説いた後引続いて無門関研究であるが、念仏と禅のいづれの場合にしても宗教は理屈ではなく実地の体験であるから実修を伴ふことを必要とする。毎日せめて三十分間、専心称名し、或は只管打坐する規則をみづからに定めて実行することである。実修を伴はなければ折角読み聞きした聖教も、水で貼り付けた紙のようにその場限りで剥がれてしまふ。「念佛衆生摂取不捨」「一座の切、無量の罪を滅す」と伝ふ。宗教は云はば自己を素材とする芸術である。その自己に直接培つて美しい花を咲かせ、その自己に刻み彩つて美事な画像を創る。これが精神文明である。自分の問題としなければ、キリスト教も仏教も神道もすべて観念の遊戯に過ぎない。禅はすべてを自己主体の問題として、何よりも先づ自己即宇宙としての不二一体の本来の我の有り方の状態に帰へる道である。前置きは簡単にして直截に公案と取組んで行こう。

【無門関第一則（趙州狗子《じょうしゅうくす》）】

或時趙州和尚に僧が質問した。犬に仏の性質が有るか無いか。州は答へて無と云つた。

（以上　公案大意）

参禅は須らく祖師が設けた無門の関門を通過しなければならぬ。心を凝視してその我侭勝手な動きを絶たなければならぬ。祖師の関門を通らず、自分の心に引きずられるままで、其処まで行かぬ人間は常に何かに依頼し、誰かの思想を真似して受売りして生きていて、天から授かつた自己本来の主体性の尊厳を知らぬ。これを依草附木の精霊と云ふ。憑依霊と云ふとたましひが他所からくつついた様に感じられるが、実はその霊（思い）に自己が憑依しているのである。

祖師の関門とはこの一個の無字である。禅宗のたつた一つの関門である。此処を通過したならば趙州に眼のあたり会ふことが出来るのみならず、達磨以来の歴代伝光伝燈の祖師達と共に手を取り、眉を連ねて、同じ一つの眼で見、耳で聞く。まことに慶快なことである。何としても此の関門を透らねばならぬではないか。祖師達の心が判るばかりではない。現在今の世界に生きている誰と誰が仏であるかが判る。遡つて釈迦が仏陀であり、キリストが神の子である所以がはつきり判る。いやそれだけではない。更に遡つて世界を経綸し給ふて居られる転輪聖王天津日嗣天皇の大御心が由つて来る所が明かに感得される。禅こそ、すなはち無字こそ仏教、キリスト教のみならず神道の入門である。

その為には全身全霊を挙げて疑問を起し、その無字に参じるがよい。自分に判らなぬことが此の世界に存在する。その心境を覗ふことの出来ぬ人間が此の世界に居る。釈迦やキリストや達磨がそれを知つて居り、この人達がその人間である。それは無と云ふことを弁まへている人達である。自分も同じき人間であるからにはそれが判らぬわけはない。自分もすべてを置いて何よりもその境地の自分にならねばならぬ。この様に決意し誓約して無字に参与するのである。

斯うして昼も夜も寝た間も思索工夫するのである。無と云つても何も無いことではない。また有るとか無いとかの問題ではない。考へても考へても判らない無字を工夫しているうちに、それによつて従来の自己を構成していた色々様々な他より借入れた知識や悪習慣のすべてが反省され懺悔され尽す。斯うして段々に魂の浄化が進み、最後の機縁が熟した時、今まで固く閉していた自我の殻が破れて、外の宇宙と内なる我とが一つとなつた素裸の我を発見する。夢かと思つても決して夢でない明々白々な広々とした世界が開ける。これが大宇宙であると云ふことがはつきり判る。然もこの事に就て何の証明も証拠も必要としない。誰の知恵を借りなくとも疑なく自分でそうだとはつきり判る。

この時此の大宇宙の生命の力と知恵が発現するから、神を驚嘆せしめ、人の心を導き、関羽の大刀をみづからの手に奮ひ得て、仏に会へば仏を殺し、達磨に会えば達磨を殺し、みづからが生身の仏陀、達磨となつて、愛憎、利害、得失、是非の生死の世界のうちに在つて大自在に道を切り開いて行くことが出来、如何なる境涯、如何なる困難に居ても遊行三昧に生きて行くことが出来る。どうやつて此を勉強するか、全力を挙げてこの無字にぶつかつて行き、途中で挫折しなければ法の灯火がみづからの内に点るであろう。「狗子に仏性有り無しや」、まことに問題の全部を提げた正しい質問である。これを有、無の問題として取扱つたならば生命の自覚を失ふ。(以上が第一則の意味である)

無に就て更に述べる。無を哲学で「否定の否定」などとも云ふ。無は存在するものではなくて、力であり働きである。無に参じ、無を挙し、無を指提し、無にぶつかつて行くことは、半面にその無でないもの、無に当たらない事をみづからの中から一つ一つ斬り捨て、行くことである。無でない考へ方、やり方を反省懺悔して行くことである。と云ふことを真正面から見るなら、その無の力を自己の精算浄化に活用して行くことである。

斯うして此のみづからの無の権威を信じ、無に據つて無でないもの、真の自我に非るもの、他所から来た仇し思い、非我の思いを自分の中から取除いて行き、も早これ以上清掃の余地が無い所まで煮詰まつて来ると、その時忽然としてその無の力、無の活らき、無の判断が由つて起る生命の知恵の根源の世界が開ける。この広々とした世界の体得が禅の云ふ見性成仏である。その時までは自分の成仏を信じ、無を信じ、無に非るものと思はれるものと戦つて来たのであるが、それ以後はその無をみづからの天与の力として自由に活用することが出来る。その時無とは正邪是非善悪に対する人間本具の判断力であつて、この活用を関将軍の大刀に喩へてあるのである。無は見性以前にあつては自己と戦い、以後に於ては世界の実在実相を裁断する不動明王の慧剣である。

太刀あるひは剣と云ふ言葉は古来宗教上の比喩咒文として常に用ひられる。「一剣倚天」「三十年来求剣客」「珍重大明三尺剣」等は禅語である。「我平和を齎らさんがために来たと思ふ勿れ、剣を投ぜんが為なり」とキリストが云つている。神道では十拳剣、九拳剣、八拳剣、草薙剣、韓鋤（からさび）の太刀、布留布都の太刀等々の言葉がある。すべて禅の此の無の活用そのもののことである。鋼の剣、太刀は物体を斬る器物であるが、形而上の判断力は物事の実在実相の内容を剖けて識別する。その活きは鋼の剣に似ている。鉄の剣を祀ることは宗教の咒物である。「形而上を道と云ひ、形而下を器と云う」（大学）とある。

形而下の器（物性）を以て形而上の道（道理、精神）を指示したものが宗教上の咒物である。十、九、八等の数理は事物の判断法の詳細の種別である。

剣は神道三種の神器の第一であつて、上古朝廷より節刀として此の剣の允可を授けられた。日本武尊、坂上田村麿、四道将軍等がこの剣を活用した。然しその後神道の意義が岩戸隠れすると共に、神剣を用ひる者が絶えたわけか、遂には今日の如く三種の神器全体の意義さへ朧ろげなものになつた。斯うした像法末法の時代の間、真言や禅が此の剣の意義を実地に把持して護法の責任を果たして来た。無は神剣の活用、妙用である。仏教が再び神道を蘇返へらせなければならぬ時となつた。須佐之男命が太刀を奉る時である。然る後仏教は改めて神道から摩尼（布斗麻邇）を学ばなければならぬ。（以下略）

【無門関第二則（百丈野狐《ひゃくじょうやこ》）】

百丈和尚が日頃参禅説法の時一人の老人が居て、常に衆の後ろで聴聞していた。衆僧が退けば老人も退いた。所が果せるかな或日、老人は帰らなかつた。そこで百丈が問ふた「わしの前に立つお前は一体何者か」。老人が云つた。「私は人間ではございません。昔迦葉仏の時この山に住して居りました僧侶です。或時、修業者が質問しました。大修業をした人でも因果に落ちることがあるか、それとも因果を抜けて自由の身になれるか。私は因果に落ちずと答へました。その為私は生き代り死に代り五百生も野狐の身に堕ちています。苦しくてなりません。今和尚から私の心を翻すお言葉を頂いて、この野狐身を抜け出させて頂き度く存じます」。斯う云つて老人は改めて問ふた「大修業底の人還つて因果に落つるやまた無しや」。百丈は答へた「因果を昧まさず」と。老人は言下に大悟し礼をして云つた。「私はも早野狐身を脱し、後の山に住まひます。僧侶が死んだ時の例にならつて取扱つて下さるよう」

百丈は役僧に命じて板木を打つて衆を集めて告げた。「食後亡僧の葬儀を行ふ」。これを聞いて大衆は言議した、一山の衆皆安泰で病室にも病人は居ない。何人の葬式をするのか。所が食後百丈は衆僧を率いて寺の後の巌の下に行き、杖をもつて一匹の野狐の死骸を掘り出して火葬に附した。

晩になつて百丈は法堂に登つて前の因縁を説いた。その時、黄檗が問ふた。「老人が錯つて一転語を答へたために、五百生野狐の身に堕としたと云ふが、転々錯らず野狐であるなら一体どうなるのか」。百丈が云つた「もつと前へおいで、彼の老人のために説明しよう」。そこで黄檗は近くに前んで、いきなり百丈の横面に一掌を加へた。百丈は手を拍つて笑つて云つた。「達磨（胡）の鬚は赤いと思つていたが、なるほど赤鬚の達磨が居るわい」。

無門曰く――不落因果と答へて、何故野狐に堕ちるか、不昧因果と答へて何故野狐身を脱するか、此処の所を見破る見識を得たならば、前百丈（百丈の前身）すなはち彼の老人が、転々として五百生野狐であつたことがそのまま風流三昧であつたことを知り得る。

不落と云つても不昧と云つても賽（采）ころは二つだが、出た目は一つ、同じことである。だがこれを見破らずに不落だ不昧だと論つらつたらひどい錯り（千錯万錯）である。

（以上　公案大意）

誤つた考へ、誤つた考へ方（Complex）に虜はれている者を広く禅では野狐と云ふ。みづから野狐であることに気が付かない時は、知らずして世の中に禍を撒く、みづから野狐と気付きながら、その思ひから抜けられず、解決の道が見付からぬ時は地獄の苦しみである。

ところで自覚無自覚に拘らず野狐の思ひに占領憑依されている者の姿は、虚心にそれを見る者の眼に時に野狐やその他の動物（狗、狸、蛇）の姿として写る。所謂霊狐霊獣である。霊狐には白狐と金（黄）毛と黒狐とがある。人間には元来理論的に明かにすることの出来るものである精神的主観認識の相を絵姿や像に翻訳して観る造形能力がある。その能力を顕著に発揮する人としない人の差異があるが実際に眼に見る如くにその姿が見えるのである。

その昔、崇神天皇が神器の同床共殿を廃止して神道の実体が隠没して以来、神道を求めて神道に至り得ず、これに憧れて努力を続ける思ひが神道理念のコンプレックスとなつたのが白狐である。所謂神のお使姫である。

またその昔、エルサレムのシオ神殿に存したユダヤの神宝が隠没し、民族は国を失つて漂泊を初めた時、魂の故郷であるエデンに復帰しようとしてあらゆる手段、権道、覇道の行使を辞さないところのユダヤ的思念のコンプレックスが金毛の狐霊である。金毛霊は神武維新の前後から日本に渡来した。また以上の白、黄の狐霊以外に宗教的、思想的根拠を持たない物欲、性欲の錯倒が黒狐である。

だが霊狐は錯覚でも幻覚でもない。自証を伴つている心象の映像である。客観的にそうしたものが有るわけではない。この能力は同じく如来や菩薩像を描き出す芸術家の能力でもある。近代の抽象画の意義とも通じている。すべてがそうとは云へないが抽象画は狐の画すなはち野狐の自画像であるものが多い。(白狐霊金毛霊発生の歴史的な因縁に就ては別に改めて説く)

自分の考へ、考へ方は何処か間違つている、人間並みの精神状態ではないと思ふから「某甲は非人なり」と云ふ。誤りと知つても野狐の思惟自体には其処から抜け出す道が判らぬから苦しくて耐まらない。学人に問はれて、修業さへすれば因果から抜けられると答へた所、その答へは錯りであつた。然らば修業しなければ因果から抜けられない事となり、それならその修業は何かと云ふことになつて、コンプレックスはいよいよ深くなつて行く。斯うして五百生の間因果に没在して野狐身の侭で転々として今に至つている。だが野狐の思ひ自体には自己を救済する力がない。百丈は救ひの一転語の教示を云ふたのである。

老人は改めて問ふた。大修業底の人因果に落ちるかどうかと。ここまでが精一杯の野狐の思惟の限界である。百丈は答へた「因果を昧まさず」と。老人はこれによつて言下に大悟して野狐身を脱することを得た。

扨てこれから先は百丈の箇中の夢物語りであり、主観の譬へ話と見るべきである。老人は野狐の葬式を亡僧の例に倣つて執り行つて呉れることを百丈に頼んで裏山へ帰つて行つた。百丈は食後大衆を連れて裏山に至り、杖を以て一野狐の死骸を掘り出して火葬に附したのである。但し霊的な野狐に色身肉体があるわけではない。精神的な狐霊と動物の狐とは無関係である。憑依霊を浄めて元の空に還へす操作を神道では修祓と云ふ。以上の事は百丈の心内に於ける霊的操作を物語つたものと見るべきである。

更に晩になつて百丈は講堂に登つて以上の因縁話しを取上げて説法を行つた。所が傍から黄檗が質問した。「若し老人が転々錯らず野狐が五百生依然として野狐であつたなら如何ようだと云ふのか」。斯う云はれても百丈はまだ気付かず「近くに進め、老人のために説明しよう」と云つたので黄檗から一掌を喰つたのである。そこで百丈はようやく吾に還つて手を打つて笑つて云つた……なる程赤鬚の達磨が居るわい他人の話しだと思つていたが、どついてこれは私自身（前百丈）のことだつたのだ」。

百丈和尚は敏感な、カントの所謂視霊者であつた様だ。不落因果も不昧因果も同じことである。因果輪廻業縁から抜け出て自由な身になりたいと思ふことはすべての衆生の願ひであり、その為に其処らの民間宗教が横行するのであるが、大修業をしたとてそれによつて因果から抜けられるわけのものではない。因果から抜けようとして念仏唱名したり水を浴びたりしたとて、それは不落因果とは関係のない有漏の行である。魂の救はれに至る道ではない。「斯の如きの行を廻（え）して彼の仏の浄土に生ぜんとするこれ必ず不可なり」（教行信証）と親鸞が云ふ。

業縁流転が自己の現実の姿であることを認めて、却つてその因果からは絶対に抜けられない事を知る事が不昧因果である。不昧因果ならばすなはちそのまま不落因果である。因果から抜けたことである。ただ言葉が異がふだけのことである。因果業縁の中に「常に没して出離の機なし」と知つて「とても地獄に一定すみかぞかし」と、その地獄のどん底に安住し得た人が親鸞である。野狐の悶掻きで野狐身から抜けようとすればする程、想念は相続されて、転々としていよいよ野狐である。その時野狐が野狐であることそのままが、すなはち野狐であること自己承認し、悔悟懺悔し、現実認識することが野狐身の解脱である。これ以外に魂の救はれの道はない。

斯うして迷ひと渇仰と悶掻きからさつぱり抜け出して、涼しい世界に立つて見れば、迷つていた時代のことがそのまま風流である。その迷ひを通つて来なければ此処へ出て来られなかつた事を思ふと、迷ひこそ悟りへの道である。悟りは迷ひを迷ひとする所に開ける。迷ひこそ仏の恩寵である。尾崎士郎の「人生劇場」と云ふ小説に「迷いが足りない」と云ふ科白があるが、面白い言葉だ。

山坂越えて旅する間は苦しみだが、通り抜けてしまへばすべて楽しい無量の思ひ出であり風流である。若山牧水の歌に斯う云ふのがある「幾山河越え去り行けば淋しさの果てなん国ぞ今日も旅行く」。この酔払の歌人の歌を次のように創り変へた。「幾山河越え去り行きて淋しさの果てなる国に着きにけるかな」。この国は寂滅為楽の仏の国である。宇宙に神仏はたつた一人きりしか居ない。何処を見ても自分以外の何者もない。淋しさの果てである。Einsamkeit,Dumeine Heimat,Einsamkeit（孤独よ、孤独こそ我が故郷）と詩人は歌つた。寂滅為楽の世界の中に因果の道筋（言霊）を見失ふことなく、無始から無終にかけて流動し発展して行くのが人間であり、その文明である。「揺らぐ現象を持久する思惟で継ぎ止めて行く」のが天使である。（ゲーテ「ファウスト」）

【無門関第三則（倶胝竪指《ぐていじゆし》）】

倶胝和尚は質問を受けると、唯だ指を一本立てて答へとした。沙彌の小僧に或人が問ふた。和尚さんは何を説法されているのかと。小僧は指を立てて和尚の真似をした。倶胝がこの事を聞いて刀でその小僧の指を断つた。泣きながら逃げて行く小僧を胝が呼び止めた。振返へると胝が指を立てていた。それを見て小僧は即座に悟りを得た。倶胝が死に際に弟子達に言つた。私は師匠の天龍から一指頭の禅を教はり、一生用ひて尽きなかつた。言ひ終つて息を引取つた。

悟りは指先にあるわけではない。その心が判れば天龍、倶胝、童子と自己を一つ心であることが判る。

倶胝は天龍の禅をよく受取つた。それによつて小僧を戒めた。大昔華山と首陽山とは一つの山であつたが、河神がそれを闢いて河を通じたと云ふ。倶胝の指先は華山の重畳たる山波を自由に切り開く。（以上　公案大意）

倶胝が指を立てたのは如何んな意味か知らないが、自分で指を立てて見るとその形が何をあらはすかおのづから肯づかれる。白隠は隻手を示してその音声を聞けと問ふた。この一指はそのまま神道の剣の姿である。剣をこの指の様に直立させる時これを天之御柱と云ふ。「下津磐根に宮柱太敷き立て」と大祓祝詞にあるが上は高天原の頂点から、下は地獄のどん底を貫く一本の眼に見えぬ柱が大宇宙の真中に、そして今此処に立っている。我今此処に在りと云ふ自覚の実体であり、判断の根拠である。神道五部書には「心の御柱、一心の霊台、諸神変通の本基」とある。伊勢神宮ではその形を本殿中央の高さ五尺（アオウエイ）の白木の柱に象徴してある。キリスト教ではこれを「アロンの杖」と云ふ。古代エジプト語ではこれを尖塔の形のオベリスクに象徴した。是等の意義する所すべて一つのものである。

「天龍、倶胝、童子、自己と一串」とあるところの歎異抄の「源空が信心も、善信房の信心も如来よりたまはりたる信心なり、さればただ一つなり」とある所と照合すべきである。剣にもあれ信心にもあれただ一つであるからこそ全人類の思想はただ一つに一致するのである。これが布斗麻邇の根幹である。天之御柱は人めいめいが在る所に立っている。七條氏には七條氏の柱が立っている。その柱が立ったところが宇宙の中心、天之御中主神の座である。

倶胝の指は杖のように直立しているが、これを横に振ればそのまま諸法の実相を裁断する剣であり天沼矛である。杖を立てればアオウエイの次元が現はれ、これを横に振へば時間と空間、諸法の実相が現はれる。華山の重畳、一切世間、出世間のあらゆる問題を解決して行く。神託神道に於て正面に直立に安置する時五百箇真賢木と云ふ。剣道では正眼の構へに当る。その賢木を横に振ればそのまま祓ひ（張霊：はらひ）の弊（めさ）である。

【無門関第四則（胡子無鬚《こすむしゅ》）】

或庵が云つた。達磨に何故鬚がないのか。禅は真実に参ずべく、悟りは実際に悟らなければならない。この達磨は直接一度會つてみて初めて判る。そうでないと有鬚と無鬚の両つに分れる。

痴人に夢を説くべからず。鬚無し達磨などと云つて、明白なことを却つて判らなくして

しまった。（以上　公案大意）

梁武帝が達磨を謁見したが、達磨が何者であるか判らなかつた。帝は後定公に向ふて観音大士が仏の心の証を伝へに来たのだと教へられた。有鬚の達磨は中国に渡来した印度僧。無鬚の達磨は三十二相円満具足の法（ダールマ）の現はれである観世音菩薩である。これを有相の達磨と無相の達磨として区別してもよい。

イエス、キリストはナザレの大工の息子で、これこれの事をしたと聖書に記されてある。その男がどうして神の愛子であり、救世主であるのか。釈迦はマカダ国の王子悉達多（シツタルタ）。それがどうして仏陀であるのか。だが千万言を費しても彼等が神の子、仏陀であることの証明にはならぬ。「キリストが神の子であることを汝みづから証明せよ」。これがキリスト教である。「釈迦が仏陀であることを汝みづから体得せよ」。これが仏教である。禅的に云ふならばキリスト教も仏教も全体が夫々一個の公案であるに外ならぬ。

神代史を繙くと太古の天皇は全世界を統率指導し、諸民族の王達の参観を受け、みづから全世界を巡幸された等々と記されてある万国棟梁天職天津日嗣身光天皇であられた。然しそれがどうして世界の王の王、主の主、師の師、神の神であられるのか。そうした記録があるだけでは証明にならぬ。神代史の研究家は神道に暗く、神道家は神代歴史を白眼視する。神代と神世（神界高天原）が両つに岐れて一つにならない、神代と神界とが「即」の関係に立たなくなるのである。

歴史上の達磨と真理としての達磨の両つの意義を、写真機のファインダーの焦点を合はせるように如何様したら一つに合はせることが出来るか。神代と神界はどうしたら一致するのか、ここが一致しなければ正しい歴史ではなく、真実の神道ではない。皇典古事記は両者が一致した観点に立つて編まれてある。「第三文明への通路」も同じ見地から述べられてある。

布斗麻邇の上から少し精しく説こう。言霊オの達磨は歴史上の人物。ウの達磨は鬚の有る表象としての胡僧、アの達磨は達磨大師と讃仰される菩薩であり、エの達磨は武帝を叱咤し、慧可を導いた禅宗の祖師である師家としての達磨である。その時用ふる知性の種悉段階次元が相違すると事物が異なつて見える。異なつたままでまとまらぬ状態を自己分裂と云ふ。この分裂を統合出来なくなつた時が発狂である。この人間の四つの知性（アオウエ）から見た夫々の達磨が一つの達磨になるためには前則の倶胝の指をみづから堅てなければならぬ。その指である天之御柱の次元を自由に登り降り出来なければならない。その指の活らきを哲学上で統覚と云ふ。統覚の実体は言霊イである。

【無門関第五則（香嚴上樹《きょうげんじょうじゅ》）】

【無門関第五則（香嚴上樹）】は、小笠原孝次先生が著述され、推敲された原稿において欠損していました。従って、本書においては、【無門関第五則（香嚴上樹）】は、欠損という扱いにさせていただきました。

【無門関第六則（世尊拈花《せそんねんげ》）】

霊鷲山の法華経講義の席上、世尊が蓮の花を掲げて無言のまま衆に示したが、誰もその意味が判らず黙つていた。ただ迦葉だけが世尊と顔を見合わせ微笑した。世尊は云つた。我に不立文字、教外別伝の法がある。今これを迦葉に伝へる。

世尊は花を拈じて仏教の真義を示した。素晴らしい功徳である。迦葉に何を伝へたか。それとも何も伝へなかつたのか。何のために何を迦葉に許したのか。

花を執つて示したからには説かんとする所は既に見えている。迦葉がそれを見て微笑したからにはもう如何様する事も出来ない。東洋の神秘哲学である禅が此処から発祥した。

（以上　公案大意）

世尊が花を示して何を説いたか説明しても役に立たない。倶胝の竪指をこれと同様。覚者の悟りは言語や文字以前の消息である。言語や文字が其処から出て来る創造の淵源である。

第三文明会に神剣が樹つている。華蔓の花が掲げてある。それを見て破顔微笑する者が眼覚めた会員同志である。見えぬ者はなほしばらく自己の内部を彷徨し、或は他所をさ迷い歩いていればよい。生半可な慈悲や同情は本会には無用である。此の会は無功徳に住し有形的個人的には何の利益も得られない会である。自己の生命の光りを以て普ねく世界を潤ほす会であるからである。一人、二人、三人と宮柱、真柱が集つて、三十二人の宮柱が並ぶ時、形而上形而下の五十鈴宮、百敷の大宮が構成される。新たに降臨する天津日嗣を其処にお迎へしよう。

【無門関第七則（趙州洗鉢《じょうしゅうせんぱつ》）】

趙州和尚に或時僧が質問した。「そちらに修業に参りました。御教示下さい」「朝のお粥を食べたかどうかな」「はい、頂きました」「それなら飯道具を洗つておいで」。その僧みづから省みる所があつた。

趙州は真実を腹蔵なく説いている。若し此の僧がそれを取違へたら、鐘の音を甕の音と聞くだろう。

道を明らかに知ろうとする為に、却つて会得を遅くする。燈は既に火である。敢て火を求める必要はない。御飯は既に炊けている、食べさいすればよい。(以上公案大意)

此の僧は若い真面目な求道者か、或は中年の相当に修業を積んだ人である。趙州はその心境をよく観て答へている。仏は生き物であり、禅は刹那々々の生命活動である。人生とは當に為すべき事を次々に為していく過程に他ならぬ。我等の周囲には為すべき事が限りない。その手近かな事、堅要な事から一つ宛片付けて行けばよい。刻下の一挙手一投足を肯へんせずして怠屈する者、手を抜いて居る者は主体性、創造性のない死人である。この事が判らず抽象的な理屈に赴こうとすると折角趙州が指示した生きた教(鐘)へが、つまらぬ話(甕)に聞こえる。

今朝初めて此の世に生まれた心になる事だ。毎日が天地の初めであり、刹那々々が創造の出発である。生まれたばかりで何をやってよいか判らなかつたら、先づ呼吸する事、食事する事。何は出来なくとも部屋の掃除、庭の草取りはやれる。眼先の簡単な仕事を自分の仕事として全霊を打込んで行へたら、やがて人生の万事に一つ一つ意義が見出される。意義が見出せなかつたら皇運の歴史を聞いても、三種の神器、摩尼宝珠の学を教へて貰つても何の足しにもならぬ。

【無門関第八則（奚仲造車《けいちゅうぞうしゃ》）】

月庵が僧に問ふた。昔、黄帝の時奚仲が馬車を百輌作り、両輪を取去り、軸を切り離した。一体何を明かにしようとするのか。

これが判つたならば眼は流星、気鋒は掣電の如くなろう。此の車が廻はれば四維上下、南北東西自由自在。（以上　公案大意）

仏法神道の目的は転輪にある。⊛これを日足車と云ふ。転輪の根拠は統覚にある。統覚は剣である。剣の活らきは分析であると同時に総合である。これを釈、結の二法と云ふ。太刀は断ちであつて宇宙の実在実相を分析する。剣の活らきによつて太玉（アオウエイ）、曲玉（三十二子音）が現はれる。その玉（璽）を同じ統覚のも一つの活らきである祭り（真釣り連気（つるぎ））の作用によつて第二次的に整理綜合した宇宙図（曼荼羅）が八咫鏡である。すなはち剣を以て大自然を剖判分析して玉を得、その玉を整理して文明の原理を完成した道が神道布斗麻邇である。剣玉鏡を三種の神器と云ふ。

【無門関第九則（大通知勝《だいつうちしょう》）】

興陽の譲和尚に僧が問ふた。「法華教の大通知勝佛は十刧の間道場に坐はつていたが仏法は現はれなかつた。若し成仏出来ない時は如何様なるか」「なかなかよい質問だ」「道場に坐はつて居ながら何故成仏しないのか」「彼が成仏しないからさ」。

大通知勝は自知自証すべく、観念的に理解したとて役に立たぬ。凡夫がそれを知解したならばそのまま聖人である。聖人が理解したならばみづから凡夫なる事が判る。

肉体を解決したかつたら心を解決するがよい。心が解決すれば身に愁ひがない。若し心身共に解決したら神仙である。それ自体で充足している小宇宙であるから爵位も俸禄も不用である。（以上　公案大意）

大通知勝仏は法華教第七化城諭品に出て来る。この公案は仏を宇宙の理体として見ることと、生きた人間として見ることとの間の葛藤である。人間が十刧の間道場に坐つたとて、依然として人間であつて、宇宙の理体法体としての仏には成らない。この辺のことを一番よく心得ていたのは親鸞である。その人間が人間である事がすなはち仏である。犬が犬であることが犬の成仏であり、猫が猫であることが猫の成仏である。成仏しない事が成仏であり、大通知勝仏はそのまま仏である。然し例へば伝説の役行者の如き心身了了の神変不思議の神仙が実際に居るかどうか、未だそうした人物に会つた事がない。

人間が人間であることの全貌全局を明かにした道が神道であり、その明かにされた法（道理）が布斗麻邇である。人間を離れて神道を考へようとしたら無意味である。此の人間精神の法が人類（皇祖）によって発見完成されるに至るまでには長い年月を要している。科学が今日の如く発達した歴史的経過と同様に、三千年乃至五千年の時間と全世界の覚者の努力研究を要した事である。仏の法を法としなければ人間が全き人間で有り得ない。真神の法布斗麻邇を法としなければ神道ではない。

【無門関第十則（清税孤貧《せいぜいこひん》）】

曹山は僧が問ふた。「私は仏の教へを守つて孤独で貧困です。どうか御布施をお願します」。山は云つた「清税さん」。税は「はい」と答へた。山は云つた「灘の生一本を三杯もひつかけながら、まだ口を濡らさぬとは何事だ」

清税が孤貧を装うたのは何の心等か。曹山はその心を見破つた。とは云へ清税は一体何処で酒を喫したのか。清税は茫丹の如く貧乏で、項羽の如く気負つている。勝つ見込みがなくとも敢て法を戦はしに来た所は気に入つた。（以上　公案大意）

孤貧に住した寒山の詩に「語を寄す陶朱公、富は君に似たり」とある。無一物は仏の心で、全宇宙を領有する。心にも身にも何かを持つていたら無一物ではない。清税は決して貧乏で餓じいどころではない。自分は仏道を行じて是程貧乏だと云ふことを売りに来たのである。喰つた酒が四辺りにプンプンと匂つている。だがそれにも拘らず曹山を訪ねて自分の行道の程度を識ろうした所はよい。その為めの参禅であり、禅問答であるからだ。問はずを質さず押し黙つたまま自己の欲を固執していたらその人に救はれはない。本会の会員に名古屋の無名道人氏が居る。無名会を経営して、自己の姓名を第一称代名詞を用いない運動を勧めみづからも行じている。世の禍の根源は「我」と云ふ名にあると云ふ。面白い修練法である。その公案の取扱いをそつくり同氏にお願いしよう。

【無門関第十一則（州勘庵主《しゅうかんあんじゅ》）】

趙州が一庵主の所へ行って問ふた。「有るか有るか」。庵主は拳を立てて示した。州は「水が浅く船を泊められない」と云かって去った。また一庵主に到って問ふた。「有るか有るか」。その庵主もまた拳を立てた。州は「縦横無尽、殺活自在だ」と云って礼をした。

同じように拳を示したのに、趙州は何故一方を肯がひ、一方を肯かはぬのか。優劣は何処にあるか。この事をはっきり道ひ得たならば趙州の心境が何のこだわりもない自由自在なものであることが判るだろう。州が二庵主の心底を見破つた（勘破）と云っても、同時に二庵主から趙州が見破られていのだ。若し二庵主に優劣があると答へたら、まだ本当の禅ではない。優劣なしと云っても禅ではない。

趙州の眼は流星、気鋒は掣電。彼の言葉は殺活自在。（以上　公案大意）

二庵主の禅的力量の優劣を論じたら戯論である。それは趙州が会った庵主で自分が直接会ったわけではないからだ。問題は二庵主を識別勘破した趙州の眼を、その気鋒（機）を捕へることにある。度々云ふが気鋒は剣であり剣は判断力である。無学に参ずることはその判断力を錬磨することである。汝みづから斬ることを得るなら、初めて他をも斬ることが出来る。汝みづからを斬ることを得ないのは剣に刃がない為である。汝みづからを斬る剣刃をそのままに用ひて他を、全世界を、歴史を、経論摂理を斬るのである。一本の大根を斬る法は一千万本の大根を斬る法である。斬られる対象は大根―人間であって、一本も一千万本も差異はない。自他を斬るものを両刃の剣と云ふ。すなはち神剣であり仏智剣である。

【無門関第十二則（巖喚主人《がんかんしゅじん》）】

瑞巖の和尚は毎日みづから主人公と喚び、みづから「はい」と答へた。それから自分に向って言った。「眼を醒ましているか」「はいはい」。「人に瞞されるなよ」「はいはい」。瑞巖の老人はみづから売ったり買ったり、色々様々な自己の姿を現はす。一体何故か。喚んだり答へたり。眼を覚ましたり、瞞されなかったり。その一つ一つに虜はれたらいけない。また瑞巖の真似をしたら野狐禅である。求道者が真実を掴めないのは従前の自分の考へが正当の人間の考へだと思ふからである。これ無量劫来の生死流転すなはち迷ひの正体である。ところが世の痴人はその迷いの本を本来の自分自身だと思って反省することを知らぬ。

(以上　公案大意)

主人公と喚ぶからには、それは自分を産み、自分を生かして居る根源のもの、父母未生以前の宇宙の父母である。「我らが主（my Lord）イエス」と云ふ主であり、人間イエスから云ふなら「天に在します我等が父」である。**I am that I am**（吾すなはち神とは我すなはち自己を有らしむる者なり）とモーゼが云ふ初めての **I** である。主人公は僕に向ひ、父は子に向って常に「惺惺著」と戒め励まし労はり指導して呉れる。「慈眼視衆生」の実体が観世音菩薩である。此の世の中に頼りとすべきものは皆無であるが、このみづからの主人公のみが柱とも杖とも頼み得る唯一のものである。芭蕉はこれを呼んで「柱杖子」と云った。「念仏のみぞ未とほりたるまことにぞありける」とまこと親鸞が云ふ通りである。だがこの主人公は他に在るのではない。自分自身である。

従前の識神とは反省懺悔浄化されないままの従前の自己の意志見解である。宗派神道ではこれを憑依霊、守護神と云ふ。自己の中に多数多種蠢いているその守護神が何を考へ何を為しているか、その行く先は何うなるか、何時自分に湧いた思いかを一つ一つ徹底的に調べ上げて行くことが「無学」の捏提である。反省と懺悔なく、すなはち自覚なく、その守護神をコントロールすることが出来ず、逆に引きずり廻される状況が迷ひである。従前の識神の名を偏見、自惚れ、恐怖、依存心、怠慢、怯惰、卑屈、惑溺等と云ふ。簡略してこれを貪、慎、痴と云ふ。

【無門関第十三則（徳山托鉢《とくさんたくはつ》）】

或日、徳山が飯器（応量器）を携へて堂（教室）へやつて来た。雪峰がこれを見て「食事の鐘が鳴らないのに食器を持って何処へ行くか」と詰問した。徳山は黙って方丈へ帰へつて行った。雪峰がこの事を巖頭に語った時、巖頭が云った。「さすがの徳山も未だ最後の句を知らぬ」と。徳山はこれを聞いて巖頭を喚んで来させて「お前には私が判らないのか」と問ふた。巖頭は雪峰との話しをしたところ、徳山は黙っていた。翌日徳山が講座に上つて説法したが、果せる哉常とは異つて素晴らしかった。巖頭は掌を打って喜んで言った。「老僧は最後の句を会得することが出来た。天下の人はも早や彼を、如何ようすることも出来ない」。

若しこれが末後の句ならば巖頭も徳山もその句を本当には知って居ない。よく検べて見れば結局二人とも棚に並んだ人形のようなものだ。最初の句が判れば末後の句が判る。だが最初の句と末句とは同じ句ではないぞ。（以上　公案大意）

徳山はこの後三年にして遷化しているもうろくの老人である。その老人の何気ない行動を取りあげて雪峰と巖頭が何だ彼たと論らつたところで真実の意味はない。棚に人形が並んだ如きものである。この事と同じような問題が歎異抄に出ている。「念仏まふしさふらへども踊躍歓喜のこころおろそかにさふらふこと、またいそぎ浄土へまひけたきこゝろのさふらはぬは、いかにとさふらふべきことにてさふらうやらんと、まふしいれさふらひしかば、親鸞もこの不審ありつるに、唯円房おなじこころにてあいけり」と云ふ所である。

親鸞も唯円もこの問題を見事に解決している。「よくよく案じみれば、天におどり、地におどるほどに、よろこぶべきことを、よろこばぬにて、いよいよ往生は一定と、おもひたまふべきなり。よろこぶべきこころをおさへて、よろこばせざるは、煩悩の所為なり。しかるに仏かねてしろしめして、煩悩具足の凡夫と、おほせられひることなれば、他力の悲観はかくのごときわれらがためなりけりとしられて、いよいよたのもしくおぼえゆるなり。」この問答を前述の主人公と自己の関係として考へて行く時、いよいよはっきりする。

偶々飯の時間が少し遅れたために徳山が飯器を持ってうろうろしたとて、それも人間性の一面である。人間を置いて仏はない。また鎮座して堂々と禅を示す者は仏であり、仏なくして人間の意義はない。托鉢と説法の徳山が二人あるわけではないのである。畢竟するに人間と云う仏であり、仏と云ふ人間である。両者を分離したら木仏金仏か、犬猫鼠である。徳山は死んでしまふ。木喰上人が彫った像を欠ると仏の像なのか、凡夫の像なのか両者が渾然として区別することが出来ない。実は人間の像であるのだ。

キリスト教で云ふ罪の赦さん（indulgence）とはこの人間性の全面肯定である。大小便にまみれた嬰兒がそのまま母の腕に抱かれている姿である。幼いイエスを抱いたマリアの像は母と子をひつくるめて、そのまま我みづからの姿である。

最初の句は衆生の思ひ、末後の句は仏の思ひである。その関係は次の詩に見られる「芦山は烟雨逝江は潮、未だ到らざれば千般恨み消えず、到り得て還り来れば別事無し、芦山は烟雨逝江は潮」（蘇東坡）但しこの詩の末後の句が本当の菩薩行としての仏教の修行の上からは最初の句をなすものであることを注意しなければならぬ。禅の悟りは仏教修行の出発である。ここを出発点α（アルファ）としてω（オメガ）である阿耨多羅三藐三菩提の内容を完遂することが仏道即神道である。α（アイウエオ）は高御産巣日で先天の知慧、ω（ワイウヱヲ）は神産巣日で後天の知識、両者は容れ物と中味のようなものである。禅に於て斯うした本来の消息を会得する態度がそのまま神道布斗麻邇五十音の意義を会得する一端である。

【無門関第十四則（南泉斬猫《なんせんざんびょう》）】

南泉の所で東西の僧堂の学生達が猫を中心に置いて論争していた。南泉が来て猫を提げて言つた。「答へよ、答へられなければ斬るぞ」。だが学僧達から答へがなく、南泉は猫を斬った。晩に趙州が外から帰って来た時、泉は先程の話しをした。そこで州は履いていた草鞋を頭に載せて出て行った。泉は「若し君が居たならば猫を殺さずに済んだろう」としみじみ述懐した。趙州は何故草鞋を頂いたか。これに就いて一言を道ひ得たならば、南泉のやったことが必ず出鱈目ではないことが判る。然らざれば危うい。若し趙州が居たなら、南泉の命令を逆さに行ふ。刀を奪ったならば、南泉が命乞いをするだろう。（以上　公案大意）

猫に仏性が有るか無いかと云ふ如き議論である。仏教は自己の問題であって、己れを離れた猫の問題ではない、「それ」の問題ではない。南泉は猫を提げて激しくこの事を僧達に注意したのだが、ぽかんとしているので、論議の材料である猫を斬った。それでも僧達は何も答へられなかった。然しての事は趙州から見れば逆のやり方であるから草鞋を頭に載せたわけである。

南泉が執つた態度を権道と云ひ覇道と云ふ。殺活の剣と云ふが、殺人剣に属する。「両頭を裁断するば一剣天に倚る」と云ふが、剣を奮って自分自身の矛盾を揚棄した場合は一応天（先天）に還へっただけでもよい。先天は即ち空相であり是非もなければ善悪もない峻厳冷酷な「空」である。然しこの剣を以て他人の矛盾を斬って空に還った場合、それに解決を与へることが出来ず、法が立たなければ日蓮の云ふ禅天魔である。と云ってもこれもまた禅の初歩的な一面であるから、必ずしも間違いとは云へない。

だが仏教典に接すると釈尊の説法は懇切丁寧を極はめている。まことに「我もまた世の父」（壽量品）である。この時趙州だったら如何なる処置を取ったかは判らないが、ことに趙州と南泉の禅風の相違と見なければならぬ。そして此の相違を知ることが世界経論の上に於ける天照大御神の皇道と須佐之男命、王道覇道の相違を理解する端緒ともなる。日本の道と所謂ユダヤの道、すなわち伊勢系の神道と出雲系の神道とは同じ河図洛書に立脚するものであるが、その用ひ方によって殺活の道が岐れるのである。

【無門関第十五則（洞山三頓《とうざんさんとん》）】

雲門の所へ洞山が来た。何処へ行って来たかと問ふたところ、山はこれこれの場所へ行き、これこれの日に其処を去ったと答へた。雲門は云った、「馬鹿め、六十棒（三頓）を喰らはすところだ」。翌日の暁方洞山が再び雲門の前に来て訊ねた、「昨日六十棒を喰はすとお叱りを頂きましたが、一体私の何処に過ちがあるのでしょうか」。門は言った「この穀潰し、江西や湖南をただうろついて来て何になる」。洞山は大悟した。雲門は初め洞山にかいば（馬糧）を与へて反省の道を開いた。洞山は一晩中迷い抜いた揚句、夜明けを持って再び法を問いに来たので雲門はその家を開いた。だが洞山が直下に悟ったとしても余り怜悧とは云へない。（前日の三頓の注意で気が付くべきである）。
扨て諸君に問ふが洞山は三頓棒と喰らふべきものか、喰らふべからずものか、喰らふべしと云ふなら、大凡誰も彼もが棒喝に値する。喰らふべからずと云ふなら雲門の言ったことはたわごとである。これが判ったなら洞山と同じ心になる。獅子がその子を教ふるに崖下に落し、自力で登って来る者を育てる。前日の箭は軽く、翌日の箭は深い。（以上　公案大意）
禅の雲水行脚は観光遊山ではない。若い頃京都の一灯園に居た時、大和路を托鉢行脚したいと申出たら、この春の日に大和廻りなどして何になると当番の三上和志氏に叱られたことを今でも忘れない。第三文明会は物ほしげな亡者集めの宗教営業ではない。暫らく天津日嗣の経論と神道布斗麻邇の概論を説いて人間性の自覚と世界解決の道の体得を促がすが、話しを聞くだけで依然として惰眠を続ける者は本当の会員ではない。所謂シンパであり若しくは寄席や映画館に集まった見物人に過ぎない。

みづからが現在深く落ち込んでいる崖下からみづから跳ね上がって来て身を以て大業に参与する者が真の同志である。第三文明会に本当の獅子兒が三人揃へば世界の維新は成就する。この三人を参剣と云ふ。

【無門関第十六則（鐘声七條《しょうせいしちじょう》）】

雲門が言った。世界はこの様に広々としている。何故お前達は鐘の音を聞くと七條の袈裟を着るのか。およそ参禅修行は人の声に追従し、事物の変化に引擦られることを嫌ふ。たとへ言葉を聞いて道を悟り、事物を見て心が明らかになるとも凡庸である。僧達はみづから進んでその声に駕（騎）り、事象の変化を呑込んで、事の上にも心の上にも自由自在であることを知らぬ。まことにその通りであるのだが一応質問しよう。声が耳許に来るものか、耳が声の所へ行くものか。たとへ禅定三昧に入って響寂共に忘れるとも、それだけではこの間の消息の解決は付かぬ。若し耳を以て声を聞かば悟り難い。眼で見る所に声を聞いて初めて真実に接し得る。悟れば万事皆一つ、悟らなければ千差万別。悟らなければ万事は皆一つ、悟れば千差万別。（以上　公案大意）

人間は神の子、宇宙の愛子仏自体であって自主自律独立独行して人類独特の文明を創造する尊厳なる小宇宙である。神道はこれを神漏岐の道と云ふ。禅はこの道に入る門である。斎時を知らせる鐘声を聞いて習慣の惰性でフラフラと袈裟を身に着けたら禅ではない。文字や言葉で道を知ることを声聞と云ひ、事象に従って悟る者を縁覚と云ふが、それではまだ本当ではない。声を聞き事象に接したらその上に直ちに自主性を発揮して事物人心に対して道を実現実行して行くことが本来の人の道である。

共産主義は強権を以て人間を主義と云ふ監獄の囚人にしてノルマの労役を課する。資本主義は人間を牧場の牛馬羊豚とする、本人はのんびりと青草や唐黍を食つているつもりでいるが、結局は肉を食はれ毛を剥ぎ取られる。世界を二分するこの権力に対して「否」と叫んで第三の若人達が起ち上がる時である。

声が耳許に来るか、耳が声の所へ行くかと云ふ問は近代の物理学がなかった宋代の話しであるが、音と色に就いて生命の主体側に把握された原律が五十音布斗麻邇の特に父韻の原理である。度々説く如くピアノ自体に音はなく、虹自体に色はない。その無音の振動が鼓膜を通じて聞かれる時、初めてピン、ポンと云ふ音となり、暗黒の放射線が網膜に写されて観られる時、初めて紅緑の色彩となる。実相である物の音色や色彩は実は人間生命の独特本具先天の知性によって創造されるものである。また人の言葉を聴く時は、その言葉を自己の知性も以て再生するのである。この事を神道では岐美二神の御子産みと云ふ。

人間の知性がなければ宇宙は無音であり暗黒である。「生命は人の光なり」(ヨハネ伝)

と云はれる通りである。ここに万物森羅万象の造物者としての神自体、仏自体としての本業の人間（伊邪那岐神）の自主性がある。この自主性が神直の神漏岐高御産巣日の道である。

この公案をいま一歩進めて近代科学の上に考へて行くならば、科学的宇宙像が何処から如何にして生ずるかと云ふ問題である。科学はそれに関与している認識の主体面を捨象し現象としての映像だけを追っている。映象を映像たらしめている者の存在を忘れている。望遠鏡をのぞいている自己の眼の活動と性能を忘れている。物理学が浮き身をやつしている誤差の問題に就ても、星辰の運行、電子の廻転に誤差はない。誤差は必ず知性を運営して計算認識する主体から生じる。その主体側の人間性能の全局を呈示し、誤差を審判する道が神道布斗麻邇である。全世界の物理学者生物学者と日本の布斗麻邇学者が集まって此の問題を協議する学術会会議を「天の誓ひ」（七夕祭り）と云ふ。

此の生命の自主自立性を会得すればすべての文明現象は同一唯一の人類知性、一切智、一切種智の所産であるから、万事が自己の掌中、薬籠中のものである。然し会得しなければ夫々の環境に引きずり舞はされて千差万別、応接に暇がない。その自主自律性を会得しなければ、毎日同じ時間に同じ電車に乗って出勤するサラリーマンの平凡な同一事の繰返しである。会得すれば刹那々の事象のすべてが常に「最初の日の如く」(wei am ersten Tag)(「ファウスト」天場の場)新しく生き生きとした生命の創造であって、宇宙に同一事実と云ふものは二度とは起こらないことが判る。

【無門関第十七則(國師三喚《こくしさんかん》)】

慧忠國師が三度侍者を喚んだ。侍者は三度「はい」と答へた。師が云った。「わしがお前を導く方法が間違っていると云ふが、元来お前の方がわしの云ふことを肯かないのだ」。……國師が三度も繰返し弟子に説きかけては折角の親切も役に立たない。國師は年老いて孤独を感じるので、態々牛の口許に飼草を持って行ってやる。それまでしても侍者が受取ることが出来ないのは、どんな美味でも満腹の者には役に立たぬからだ。一体何処がいけないのか。国浄くして才子尊く、家富めば小兒驕る……禅の鉄の首かせには穴がない。弟子をしてみづから擔はしむべく、無門の門はみづから透らなければならない。そうでないと累が子孫に及んで穏かやでない。禅宗の門戸を支へんと欲するなら素足で刀の刃を渡る如く慎重を要する。（以上　公案大意）

師匠の親切すぎる教授は弟子をもやしにしてしまふ。弟子が迂愚鈍根だと幾ら教へても物にならず、起ち上がることが出来ない。禅は摩尼の世界、摩那識に入る道であり、神道はその摩尼、すなはち言霊布斗麻邇を活用する道である。第三文明会に於て既に満二ヶ年、歴史を説き、五十音を説き、更に歎異抄や無門関と云ふ初歩的、第二義的な閑葛藤に就てまで縷々述べて来た。國師三喚は説く者の為の公案か、説かるる者の為か。神道の開顕と宣布を担当する会の指導経営に就て緩急柔剛よくよく慎重を期さなければならぬ。

【無門関第十八則（洞山三斤《とうざんさんぎん》）】

洞山和尚に惑時僧が問ふた。如何なるか是れ仏。山は云った「麻三斤」。洞山老人は些かの蚌蛤（はまぐり）禅を会得し、両唇を開いて腸の全部を露はした。とは云ふものの一体何処に洞山の腸を見るか。仏は問はれていきなり持っていた麻三斤を突出した。その言葉も親切だが、その心は更に懇切である。この事が是か非かと論ずる者は、是非に迷ふ人である。（以上　公案大意）

釈尊は般若経で諸法空相を説き、法華経で諸法実相の道を教へた。空は仏の実体、其処に先天が存在し、後天が発現して、実相森羅万象を産む。一連の此の道程が神道の岐美二神の創造である布斗麻邇の道であって、諸法実相森羅万象は仏の姿である。「古池や蛙飛びこむ水の音」、これは芭蕉の悟道の句であった。味も塩気もない、事実実相そのものずばりである。俳諧は芸術であるとするなら、その芸術以前の世界である。ワルト・ホイットマンの詩にも斯うしたものが多い。「あらたふと青葉若葉の日の光り」これは俳句である。だが「麻三斤」「庭前の栢樹子」或は「乾屎橛」等夫々別々であって一つである。序論も結論もない端的に全部をさらけ出すのを蚌蛤禅と云ふ。

【無門関第十九則（平常心是道《びょうじょうしんぜどう》）】

南泉に或時、趙州が問ふた。「道とは何か」。泉が云った「平常心が道である」。州が云った。「平常の心になろうと努むべきであるかどうか」。泉が云った、「努めたら逆になる」。州が云った「努めて求めなければ道であることが判らないだろう」。泉が云った、「道は知の所産でもなければ、無知の所産でもない。道を知ったと思ふのは妄覚であり、知らなければ善悪無記の動物である。真に疑がふべからさる道（玄）に達したならば、虚空が廓然洞豁（廓然無聖）なる如くである、どうだこうだと論議すべきものではない」。趙州は言下に頓悟した。南泉は趙州に発問されて、直ちに道に関する論謙趣向を瓦解氷消して、それを一々解釈すべからざることを明かにした。然したとへ此の時趙州が一応悟りを得たとしても、更に三十年の修行を経て初めて本物になる。春に花あり、秋に月あり、夏に涼風あり、冬に雪あり。くだらぬ事に心を煩はされなければ、常に人間に取って好時節。(以上　公案大意)

道の本体を玄といふ。無限の宇宙であり、廓然洞豁の太虚であり、あらゆる論議、渇仰、修行、信仰、信念、説明、概念から遥かに懸絶した究極の実在である。「念仏は無我をもて義となす。不可称、不可説、不可思議のゆへに」と親鸞も云っている。何かの条件によって求め得た道は本来の禅や神道で云ふ道ではない。然しこれを求めなければ決して得られない。此の所を親鸞は「如来より賜はりたる信心」とはつきりと解決した。

人間のあらゆる思惟理論はこの玄から出て来るものであって、逆に思索論議を積み重ねることによって道そのものを創り出し得るものではない。自己反省のための主観内面の整理としての思索は未だ本当の思索ではない。人間はこの大道、大玄の中に在ってみづから文明を創造して遊戯三昧する神の愛子であって、その遊戯三昧創造のための不変の定席基本法則を布斗麻邇と云う。

だが此の玄である究極太極の限界を一応悟り得ても、それが直ちに布斗麻邇（摩尼宝珠）の法であるわけではない。そのためには更に三十年の修行を要すると云う。趙州は八十才まで修業して百二十才まで説法した。だが、そうした修業を経ても猶ほ摩尼の獲得が出来ない事を歎いた述懐が寒山詩に見えている。摩尼すなはち教菩薩法、仏所護念を究はめなければ仏教の無上正覚ではないのである。三十年参禅で必ずしも事足りるわけではない。像法末法の時代は菩薩修業の時代であって、その間三千年、生き代り死に代はりの修練思索を経て、釈迦牟尼佛以来初めて新たな仏佗人が現実に成道出現するのである。

それにしても平常心是道である。平常心とは求めて得られず、求めずして得られない、実は求めずとも本具している先天性、後天性の人間性を云ふ。此の人間性をそのまま素直に生きて、毀誉褒貶、愛憎利害などに煩はされなかったら、自然の変化を楽しみながらその折々を過ごすことが出来る。これが芸術的、宗教的な人生、辟支仏の境涯である。だが然し此の芸術的生活が仏教や神道の究極ではない。法華経化城諭品はその先に摩尼の世界が存在することを指示している。春夏秋冬を人間の好時節と楽しむことが出来たなら、更に勇猛心を奮ひ起し、言霊アの世界である此の夢幻の化城を後にして摩尼である本具の人間性の内容を究はめなければならぬ。斯くして究はめ得た無常正覚を以て人類文明の推移、歴史の必然の動きの指導を行い、世界を常にあるべき正しい姿に経論することがすなはち大乗である。その経論者を転論聖王と云ふ。すなわち天津日嗣である。

【無門関第二十則（大力量人《だいりきりょうにん》）】

松源和尚が云ふ。大力量の人であるのに何故足を抬げてみづから起たぬのか。また云った、説教は舌頭でするのではないぞ。松源はまことに要点を腹藏するところなく説教している。だがそう云っても人には判らない。たとへ判った者があったとしても、よし無門の所へ来らば痛棒を喫はそう。何故かと云へば黄金を検すには火の中で識別しなければならぬ。足を抬げて香水海を踏み散らし、頭を垂れて四つの禅天を低く見る。此の一身宇宙の何処にも停頓従属することがない。請ふ、此の先の一句を續けよ。(以上　公案大意)

松源は以上二転語の他に「明眼の衲僧、甚麼に因ってか脚下の紅絲線を断たざる」の一を加へて三転語を掲げた。元来大力の精神を持っている人間が仏教はむづかしい、神道は判らないと、自分で自分に決めつけてしまったら、永久に自己本来の力を発揮することが出来ない。脚を細い(紅い)絲で縛って置いて、例へば呪縛や催眠術で、此の絲は断れないと暗示を興へたら、蜘蛛絲の様な細い糸でも断ることが出来ない。煩悩を断ち得ないと決めてしまふとは自縛である。煩悩はもともと自己の思ひでであって、それを駆使、解放、成就することは自分の自由である。

自分といふ馬を自ら樹に縛して置きながら、これに鞭うって走らない、走れないと歎くことは笑止であり喜劇である。本来無限の自由と可能性を持つ自分を何が拘束、閉鎖、束縛しているか、それを一つ一つ反省し解除して行くことである。これが第一則の「無字」

の修練の初歩的段階である。その何かとは自負、自己満足、安逸、絶望、怠惰、懈慢、依頼、屈辱、屈従等々と云はれ或は他から吹込まれた観念、思想、信仰、或は自から駆り立てる渇望、願望等と呼ばれる凝り固まった思いである。仏教では簡単に貪慎痴と云ふ。神秘的神道ではこれを思凝神、憑依霊と云ふ。これが脚下の紅絲線の正体である。

「開口不在舌頭上」は、説法は舌先の言葉だけでなく、全身全霊を吐露示すべしと云ふ意味に解されているが、また他人の言葉を借りることなく、自分の言葉を語れと云ふ意味にも取れよう。

無門はこの公案の端的を褒めている。だがその時その場で一個の自縛を解き得たとしても、それで必ずしも全部の自己束縛を脱し得たことにはならぬ。「無字」の修業を積んで全部の束縛、顛倒想か一度に悉く釈けて広々とした宇宙が開けた時が、清浄にして壮厳な廓然無聖の境地であり、その時の自己の境地であり、その時その自己の境地が本物（真金）であることが何等他の証明を借りずして自証される。その境地に在る中心の自覚体を神道で天之御中主神（ウ）、伊邪那岐神（イ）と云ふ。「中今」である。

図表10. **香水海**

この神の宝座に立つ時、華厳経にある須弥山（イエアオウ）の周囲の香水海の水（実相世界）を自由に闊歩し、色界の四禅、十八禅天と云はれる各次元を眼下に低く見おろすことが出来る。この時宇宙が自己の居所であって、如何なる思想境涯に停頓渋滞することがない。「応無所住而生其心」である。

【無門関第二十一則（雲門屎橛《うんもんしけつ》）】

雲門に或時、僧が問ふた。「佛とは何か」。門が答へた「乾屎橛（糞掻き箆）。家が貧しければ粗食と平気で食はなければならぬ。忙しい時は走り書きする暇もなく、伝言で済ます。雲門が乾屎橛と答へたのはこの様な切端詰まった場面であって、それだけ真実がそのままに躍動している。人はややもすれば乾屎橛の半紙を持ち廻って禪宗の門を支へようとする。雲門はこれによって禪を興したが生半可の義解では却って禪を衰へさせる。雲門の答へは電光石火、見損なったら消えてしまった後の祭り。（以上　公案大意）

乾屎橛また厳然たる諸法の実相、仏の如実の姿（色身）である。或は「麻三斤」を云ひ「庭前の柏樹子」と云ふも同じ。眼前にあるマッチ一本を取り上げてもよい。その中に含まれる原子エネルギーが全部完全に爆発したらどんな事になるか、恐るべきである。只の物が決して只の物ではない。この如実性を措いて仏なるものを屁理屈で求めようとしたり、信仰で描こうとする。そんな仏は糞喰らへと云ふ意味でもある。

【無門関第二十二則（迦葉刹竿《かしょうせっかん》）】

迦葉に或時、阿難が問ふた。「世尊が貴方に金襴の袈裟をお伝へになったが、そのほかに教外別伝として何を伝へて下さったのか。」迦葉が喚んだ、「阿難」。阿難は「はい」と答へた。迦葉云った、「門前の旗竿を倒してしまへ」。若し此の間の消息が判って、一語言ひ得たならば霊鷲山の法華会が今なほ嚴然として行はれていることを見る。然らざれば過去第一仏である毘婆戸佛の時から今に至るまで此の別伝の意義を考へても明かになし得ないだろう。

阿難の質問は漠然としているが、迦葉の答へは親密である。此に於て学徒は眼を鞠めて考え込む。兄弟が呼び合って佛教の恥さらしの内輪話し（家醜）を公開した。この事は陰陽生死に属せず、別天地の春である。（以上　公案大意）

迦葉は行者、阿難は学者。これは第六則世尊拈華の公案に示されたところの、世尊が迦葉に正方眼蔵涅槃妙心実相無相微妙法門不立文字教外別伝の法を付嘱したことに対して阿難が迦葉に質問した話しである。この時迦葉は阿難の問に答へず「阿難」と喚んだ。阿難はこれに「はい」と答へた。要点はこの呼応にある。宇宙が宇宙を呼び、宇宙が宇宙に応へるのが拈華微笑であり、教外別伝の法である。その時おのづから春の如きほのかな微笑が湧いて来る。

人の姓命を喚ぶことは本来只事ではない。対者を通じて全宇宙を喚び覚ます。姓名を呼ばれて応じることは只事ではない。全宇宙を掲げて応へるのである。だが此の場合阿難の態度に不徹底の所があったから迦葉が注意した。刹竿は旗竿、旗印しでありその人の商標である。すなはちその人の肩書、職業、権限、主義主張、性能習癖等と云ふ後天的もしくは社会的属性であって、喚ぶ方も応へる方もそうした物事に限局閉鎖された範囲内の応答は宇宙と宇宙の応答ではなく、拈華微笑ではない。斯うした限局された応答は此の世の中の葛藤の原因でもある。

霊山一会は法華会であり、禅的には世尊と迦葉の出会ひである。人間が本来仏である限りこの出会は絶えることがない。「我れ仏を得てより以来、経たる所の劫数無量百千万億阿僧祇なり」と云ふ釈尊の獅子吼説法も此の呼応の意義を体し得て初めて真実として受取ることが出来る。こうした神と神、仏と仏の出会いは陰陽相対が分かれざる以前の、父母未生以前の恒春の世界の消息である。

此の公案と略々意義を同じくするのが日本の次の古歌である「淡道島通ふ千鳥の鳴く声に幾夜寝ざめぬ須磨の関守。」淡路のアワは吾と我（汝）であり、伊邪那岐と伊邪那美であり、男と女、夫と妻でもある。此の両方の間に千鳥が行き交ふ。八尋白千鳥とも云ふ。天の島船とも云ふ。霊（心）を載せて相手に運んで行く言葉の（摩尼）のことである。

この様にして吾と我の間に霊が、すなはち言葉が絶えず交流する。これを岐美二神の婚ひ（呼び合ひ）と云ふ。須磨はス言霊の間。すなはちサシスセソの一行である。スは皇、静、総であり、全宇宙であり、易で云へば坤の卦である。このサ行の意義を自覚することをサ取り（悟り）と云ふ。須磨の関守りが眼覚めることは此のサトリ、すなはち色即是空の自覚を意味する。世尊と迦葉、迦葉と阿難の間に言葉を用ひずして、以心伝心、不立文字の間に霊の自覚が相呼応された。岐美二神の間ではその霊を摩尼、すなはち言語に乗せて受け渡される。精しくは神道布斗麻邇の講義で繰返し改めて説くことにする。

【無門関第二十三則 (不思善悪《ふしぜんあく》)】

六祖慧能も明上座 (神秀) も共に五祖黄梅の門下。神秀は学者で慧能は寺の下男。五祖は慧能に法を禪って、釈尊より伝来の金襴の袈裟と鉢を授け、夜密かに江南に逃れしめた。神秀は口惜しがって、衣鉢を求めて慧能を追って大庾嶺に至った。この時六祖は衣鉢を石上に擲って云った「此の袈裟は信の象徴である。腕づくで奪れるものなら取って行け。」明上座はこれを持ち上げようとしたが山の如くで挙がらない。さすがに恐れをなして云った「私は法を求めるために来たので、衣のためではない。願わくば道を示せ」。そこで六祖が云った、「善を思はず、悪を思はず、正に斯の如き時、汝の本来の面目如何」。明上座は言下に大悟、汗びっしょりになって作礼して問ふた。「今言はれた秘密の言葉と意味のほかに、別に意味がありますか」六祖は云った。「私が今君に説いた所は秘密でも何でもない。若し君が自己の本体を省みたならば、奥深い秘密は却って君自身の中にある」明が云った。「私は黄梅の下で衆僧と共に学んだが、未だ自己の正体（面目）を省みたことがなかった。今指授を蒙って、水を飲んで冷煖自知する如くである。貴方は私の師だ」六祖は云った。「君と私に黄梅を師として道を守って行こう」……六祖の態度は間髪を容れなかった。老婆親切であって、茘支（瓜）の皮や種を去って口に入れてやれば、ただ飲みこむだけでよい……本来の面目は書くことも云ふことも出来ない。五感を以て受取ろうとする（生受）勿れ。本来の面目は何処にも秘蔵されているわけではない。全世界が崩壊しても本来の面目は損はれることがない。（以上　公案大意）

この公案は此の侭で別に蛇足を加へる必要がなかろう。不思善悪の問題はその時明上座が衣鉢を奪はんとすることの是非善悪に迷ふ心底を見抜いての適切な問である。禅は「禪天摩」と云はれる如く形式的な善悪の彼方の世界であって、善悪は其処から本具の判断力

(剣) の所産として時処位に応じて識別される。

六祖を師とすると云ふ明上座の申出に対して、汝と共に五祖黄梅を師としようと答へた所は尊い。悟ればいづれも神の子、如来の子であって、その本来の面目は人各々がみづから開顕したもの、師(主親)は神であり仏である。「親鸞は弟子一人も持たずさふらう」と云ったことと同じである。と云って此の時弟子が増上慢を生じて、道の伝統伝光から離脱したなら、基地との連絡が絶えて時空を放浪する孤独の宇宙船である。これを独覚者(辟支仏)と云ふ。「仏を殺し祖を殺す」と云ふことは、これを否定し、これから離れることではない。これを生かしてその上にそれ以上のものを創造することである。文化文明の世界に於ては人は独りで生きているのでない。人間は祖先、先覚、先輩の創造に係はる第一の精神文化、第二の科学文明を保全継承転論して世界の経営に当たる天使その者であることを忘れてはならない。

世界ぐらいが壊れても本来の面目は壊れることがない。「日月の光るを求めず、小羊その灯火なればなり」(黙示録) と云はれる。

この後六祖は釈迦、迦葉、達磨と伝へられた象徴である衣鉢を、道の障害として焼き捨てしまった。爾後禅の伝統は純粋に心だけのものとなった。そして愈々、禅が興隆した。日本にあって源平が器物としての三種の神器と争い、南北朝またこれを繞って死闘した。明治以来の神道は帝国主義権力の走狗傀儡となり、最後に昭和に至って天皇の神性放棄すなはち形式的な神話、神器、神勅の否定の宣言に及んで、形而下の物に憑いた権力を自己弁護としての神道及びその内容を明らかに為し得ない単なる庶民の信仰としての神道は全滅した。「善哉」である。

【無門関第二十四則（離却語言《りきゃくごげん》）】

風穴に或時僧が問ふた。語と黙とは気の出入である。語（出）は微妙繊細なるべく、黙（入）は離脱懸絶したものでなければならぬ。出づる霊気に穢れなく、入る霊気に犯されず、出入の主観、客観に矛盾齟齬なからんためには如何したらよいか。穴が云つた「長へに思ふは江南三月の裏、鷓鴣啼く處万花香ばし」（杜子美の詩）。風穴の機鋒は制電の如く、質問に応じて直ちに答へた。然し残念ながら、前人の詩を借りている。この間の消息を親切に見究めたなら、諸君にはみづからのやり方があるだろう。詩の朗詠から離れて一句を述べてみよ……風穴は風流気骨の古詩を今更露はしているわけではない。僧の問に答へこの詩を語る以前に風穴の真面目がある。諸君がこの事を会せずしてこの詩を喃々と吟じ乍ら歩いて行つたとて処置なしである。

肇法師宝蔵論離微体浄論に「其れ入るときは離、其れ出るときは微。入離を知れば外塵所依無し、出微を知れば内心所省無し。内心所省無ければ諸見移すこと能はず、外塵所依無ければ万有機すること能はず。万有機すること能はずんば想慮乗馳せず、諸見移す能はず、寂滅不思議、謂う可し本淨の体離微なりと。入に據るが故に離と名づく、用に約するが故に微と名づく。混として一と為す。離無く微無く、体淨にして染すべからず。染無きが故に淨無し、体微にして有すべからず、故に無無し」。又曰く「夫れ離と云ふ所以は、体物と合せず、亦物と離せず、譬へば明鏡の万象に光映するが如し、然るに彼の明鏡は影と合せず、亦体と離せず、又虚空の一切に合入して染著する所無きが如し。五色も汚すこと能はず、五音も乱すこと能はず、万物も拘はること能はず、森羅も雑ること能はず、故に之を離と謂ふなり。微と云ふ所以は体妙にして形無く、色無く、相無く、応用万端にして、其の容を見ず、百巧を含蔵して、其の功を顕はさず、之を視れども見るべからず、之を聴けども聞くべからず。然れども恒砂万徳有り。不常不断不離不散、故に之を微と謂ふ」とある。語默離微の説明は一応はこれで解決している。

語默は説法と禅定。この両者が矛盾せざる姿を風穴は古詩を借りて説いたのである。詩は長しなへに憶ふ別天地の春と現象界の江南の春色とを同時に歌つている。だが前人の言葉を借りず、君みづからの見所を述べよと無門は説く。

禅定すなはち鎮魂帰神の瞑想の世界は時間と空間を超絶した純生観の世界であり所謂神界霊界であつて、ここに現ずるものは形而上の理とそして気と云はれる世界の心象である。この純霊、純粋思惟純之観の箇中の世界を高御産巣日の世界と云ふ。こうした認識の主体に対立して存在するもう一つの世界が客観、客体の世界であつて、これを神産巣日の世界と云ふ。すなはちたとへば眼を閉ぢて心内に没入した世界と、眼を開いて見聞き経験した世界であるのだが、如何様したならこの双つの世界が矛盾することなく、絶対主観の心象と客観的な世界像とがぴつたりと一致して表裏出入唯一不二のもので有り得るかと云ふ事が仏教、神道と通じての根本の修証であつて、神道では百神の学理の最高の仕上げとして伊邪那岐大神の禊祓に於いてその一致の証明を行ふ。この公案は軽々には釈けない。実は仏教としては永久の公案であつて、神道布斗麻邇すなはち摩尼宝珠すなはち仏所護念の法を以て無上西登に達した時初めて完全に釈き得るものである。

【無門関第二十五則（三座説法《さんざせつぽう》）】

仰山が夢に彌勒の所に行き、第三座に就かされた。一尊者があつて槌を打って云つた。本日は第三座の説法に当たる。そこで仰山は白槌して云つた、「大乗の法は一、異（多）、有、無の四句を離れ、またその変化展開である九十六（百）の非を絶したものである。諦かに聞け聞け」。以上に就て一応質問しよう。これは説法したことであるか、説法しなかつたことか。説法したと云へば相手が無いのだから本当ではない。説法しなかったと云つても言ったのだから本当でない。口を開かず閉ぢずと云つても百非どころでない、十万八千の非である……白日青天の下、夢中に夢を説く、奇々怪々、衆を誑かす。(以上　公案大意)

この公案は初心者には難解である。仏教も神道も純粋の精神世界の消息である。精神はただ人間の主観としてのみ存在する。国民精神とか群集心理などと云ふ客観的な精神が考えられても、それは個々の主観を集合または抽象したものに他ならぬ。その主観が絶対主観(ヘーゲルの云ふ主観態の無限的真態)として淳化拡大自証されても、それは矢張り依然として主観である。だが此の主観の真態が「夢裡明々に六趣あり」と云ふ如く自証され確立することが、人間が神の子、仏自体であり、人間の思惟が神の思惟、仏の思惟として真に自由と自律性を発揮する所以である。哲学も科学もすべて文明は人間の此の自由と自律の所産である。

特に此の公案の夢と云ふものは客体、対象を伴はぬ純然たる主観内部の心象であつて、その夢で説法したと云ふことは、説法したことになるかどうか、これを客観世界の事として取扱うとしても全然無意味である。世の中の千万人が嘲笑うとも、自証し得た真理は真理である。神はみづから疑惑を持たぬ。箇中のことは箇中で肯づけばよい。即ち拈華微笑である。布斗麻邇（摩尼宝珠）は客観的に存するものではない、この箇中にのみ存在する。箇中の世界を神道で天の岩屋の内景と云ひ高天原と云ふ。古事記言霊百神がその純粋主観の自己精神内面の法界の原理であることを逸しては布斗麻邇の実体は摑み得ない。

【無門関第二十六則（二僧巻簾《にそうかんれん》）】

清涼の大法眼の所に僧が食事前に参禅した。清涼は手で簾を指した。その時二僧が同じように起上って簾を巻いた。清涼が云つた。一人は禅の意を得ている。一人は然らず……試みに答えよ。是はどちらの僧が道を得て居りどちらが失つているのか。これを見抜くことが出来たなら清涼國師が一得一失を云々して失敗した所以が判る。とは云ふものの此のことを是非善悪（得失）の意味で論議してはいけない……簾を巻き起こして明々として太空に徹する。然しその太空に徹しても未だ猶ほ我が宗（清涼が開いた法眼宗）に叶つたものではない。その太空から簾を下ろして、綿々密々隙間風を通さないようにする事には及ばない。（以上　公案大意）

二僧が簾を巻く気鋒の相違を看て清涼が批判訓戒したわけである。無門の評も頌も同じ事を重ねて述べている。禅機は得失ではなく「無切徳」であるから、二僧の動作を実際主義的に見て得失を云々したら一応禅ではない。と云つてもおのづから其処に兄弟の差が現はれる。実はどちらも禅である。前者は空想無差別、後者は実相差別の価値判断である。

簾は家徴であつて、巻起すれば廓念洞豁の本源の空（玄）である。だが空だけが仏教ではない。是を垂れ下ろせば実相である。その実相の曼荼羅を書き記して掲げ、斎き祭つて鏡とするのが神道である。その曼荼羅を作るに哲学的な概念を以てしては笊の様な隙だらけのものとなる。易の如く数だけで組立てたのでは「魔女の九九」（ゲーテ「ファウスト」）に終わる。仏菩薩の絵を並べてみても遊戯に過ぎない。本当に綿々密々を期するためには言霊五十音、一切種智の配列を以てしなければならぬ。

【無門関第二十七則（不是心佛《ふぜしんぶつ》）】

南泉に或時僧が問ふた。「わざと（還へつて）人のために説かない様な法が有りますか」。泉が云つた。「有る」。僧が云つた、「人の為に説かない法とは如何んなものですか」。泉が云つた。「それは心でも、仏でも、物でもないものだ」……南泉はこの質問を受けて、自分の持物の全部の底をはたいてしまつて、ひどく零落浮浪した……教へ方が丁寧過ぎると本来の生命の自覚の妨げとなる。無言こそ本当に功徳がある。たとへ滄海が桑田に変じようとも、弟子のために説明すべからず。（以上　公案大意）

敢えて人の為に説かない法とは説いても説けない法である。それは心でも仏でも勿論物（色相）でもない。その心や仏や物が其処から生まれて来る究極の無限の或るもの（実在）である。親鸞はこれを「念仏は無義をもて義とす、不可称、不可説、不可思議のゆへに」と云つた。人間に判る事柄はすべて思惟すなはち知性の活動以後の事だけであつて、その人間をして思惟せしむる者、人間によつて思惟する者が何であるかは判らない。此処が人間存在の限界である。不可説のものを敢て（還へつて）説こうとしたらその太極に至る妨げとなる。

然も南泉が問に対して態々不是心仏と答へたのは、有りたけの言葉を尽してしまった事で、余りに親切丁寧過ぎて貧乏してしまつた。口が腐つても聖諦第一義を説明してやつてはならぬ。これが東洋の神秘哲学としての禅である。少し意味が異がふが第三文明会で布斗麻邇を説いて丁寧過ぎたことを後悔している。聞いた者は言葉と文字のみを追つて実体を捕へない。言葉と文字だけを掠めて行つて商売にする者もある。この辺から禍の枝が延びることを注意しよう。

【無門関講話（承前《しょうぜん》）】

神道に入るためには禅が近道である。神道の世界である高天原はそのまま禅で説く「空」の境涯であり、神道布斗麻邇言霊学は仏（神）の慈悲と知恵の純粋理論である摩尼宝珠である。神道者が高天原の世界の人であるために、禅が「空」の悟りだけのための禅にならないために神道に立つ本会が無門関を講義する。神道者が禅（仏教）を白眼視することは末だ高天原に至らぬからであり、禅が神道を無視することは辟支仏の境涯に停頓することである。

神道は人間はすべて初めから高天原の境涯に住んでいる者であることを前提としてその高天原の中実である布斗麻邇を説いている。然し末法の現代人に取つてはその神道の高天原の境涯に入ること自体が先決問題である。だが神道は高天原に入る道は直接教へることはなく、三千年来その指導を仏儒耶の三教（釈迦、老子、孔子、モーゼ、イエス）に委托してある。その世界の教への中で最も合理的で適截簡潔に高天原の人となる道を説いたものの一つである禅宗無門関を本会が取り上げるのはこの為である。

【無門関第二十八則　(久響龍潭《きゅうきょうりゅうたん》)】

龍潭の許に徳山が法を問ひに来て夜に至つた。潭が云つた、「夜が更けた、君は何故山を下りぬのか」。山は遂に簾を掲げて出たが、戸外が暗いのを見て振返つて云つた。「外が真暗です」。そこで潭は紙燭を点して渡した。山がそれを受取ろうとした時、潭はいきなり灯火をフツと吹き消した。山は此処で忽然として自ら省みるところがあったので潭に向かって礼をした。潭が云つた、「君は今何の道理が判ったのか」。山が云つた、「今日以後、私は天下の老和尚達の言辞を疑ひません」。

翌日潭は講堂に登つて云つた。「この中に一人の男が居る。牙は剣樹の如く、口は血盆に似て、棒で打つたとて振り返りはしない。いずれ将来彼自身の道を興すであろう」。山は遂に携えて来た金剛経疏抄を片手に、炬火を片手に法堂の前に提起して云つた、「諸の道の解義を窮めたが、一毫を太虚の中に置いた如く、世の理論を尽したが、一滴を巨谷に投ずるに似たようなものであつた」。そうして金剛経疏を焼捨てて龍潭を礼辞した……。

（以下はこの物語の前提である）。その初め徳山は金剛経を説く学者であつた。彼が未だ蜀の郷関を出ない時、心に憤懣を抱いていて、教外別伝の禅を破称しようとして南方へ来た。澧州の路上でお婆さんから菓子を買はうとした時、お婆さんが云つた「お坊さん、車の中にあるのは何の本かね」。山は答へた「金剛経疏抄」。お婆さんが云つた、「そのお経の中に過去心不可得、現在心不可得、未来心不可得とあるが、お坊さんはどの心を摑まへようとなさる」。徳山はこの質問を受けて口をへの字に曲げたが、お婆さんがまだ本当には死に切つてはいないことを勘破した。そこでお婆さんに問うた、「このあたりに如何んなお師匠さんが居るのか」。お婆さんが云つた、「五里先に龍潭和尚が居る」。

そして龍潭の許に至って徳山は惨敗した。彼は前言の豪語と一致しなかつたわけだ。龍潭は徳山（兒）を憐れんで非常手段を取つた（醜を覚えず）。徳山にいささかの知識の種（火種―紙燭にかけて云ふ）が残つているのを見て、いきなり悪水をぶつかけて消し殺してしまつた。(一澆澆殺)。冷淨に観察すればこれは一場の笑ひ話である。遠くで名を聞いているよりも直接会つてみる方がよい。会つてみるよりは名を聞いている方がよい。徳山は祖師の鼻孔(直接の仏の知見)を獲得したが、そのために方便の教眼(間接の哲学理論)を潰してしまつた……(以上　公案大意)

公案としてはこのままで特に説明を要する所はない。戸外は暗いと云ふ学者徳山の心内の不安を龍潭が看て、いきなり紙燭を吹き消した。この時徳山に現前したものはその暗黒裡に我有りと云ふ深刻な自己意識である。すなはち自己の発見である。外的条件や学問知識経験に頼って行動せず、みづからの直接の判断によつて出路を得る本来の自主性の発見である。一場のパントマイムであるから「好笑」と云つたわけである。

次に意義ある事は徳山がその時まで後生大事に持つていた金剛経疏抄を焼いてしまつた事で、摩尼、布斗麻邇はその時その場に於て自分自身から出て来る真理であり、同時にその自己に現はれた真理を自己審判する神法である。本来の自己を発見したならば摩尼は其処から滾々として湧き出て来る。これを天の真奈井の真清水と云ふ。摩尼の活用の前には釈迦の説法もキリストの垂訓も同格である。その摩尼の全体系を示してある教科書は古事記以外には存在しない。仏教もキリスト教も西洋哲学も自分が摩尼を活用するに至る過程に於ける練習法であり解説に過ぎない。布斗麻邇は主体として精神的に見る全宇宙であつて、これを総持と云ふ。

混乱の劫末の世に汲々躔踏と順応しながら、僂いしがない生活を送ろうとするならその渾沌たる世界の学問を愈々詳細に勉強しなければならぬが、然し人類本来本源の叡智を活用して劫尽の大火の彼方に至幸至福の第三の文明時代を建設しようとするなら、精神界の総持である布斗麻邇（人類の第一文明）と、そして近代科学のエッセンス（人類の第二文明）だけを携えて行けばよいのである。六祖慧能は衣鉢を焼き、徳山は書を焼いた。権道の如くにして権道ではないのである。

初め徳山が龍潭に会つたときこう云つた。「久しく龍潭と響く、倒来するに及んで、潭もまた見ず、龍もまた現ぜず」と。龍潭はこれに答へて「子親しく龍潭に到れり」と云つた。

仏眼を得なければ親しく眼前にしても龍も潭も見ることが出来ない。眼前に釈迦に会いキリストに会っても、それが釈迦でありキリストであることが判らない。「名を聞かんよりは云々」の頌はこの事を云つている。「これに就けば日の如く、之を望めば雲の如し」（史記）とは帝尭の徳を称へた言葉である。

【無門関第二十九則（非風非幡《ひふうひばん》）】

六祖の所で或時、風が寺の旗を翻しているのを見て二僧が議論した。一人は幡が動くと云ひ、一人は風が動くと云ふ。どちらもまだ道に叶（契）はない。六祖が云つた。風が動くのでも幡が動くのでもない。汝（仁者）の心が動くのだ。二僧は悚然とした。

それは風が動くのでも、旗が動くのでも、更に心が動くのでもない。その時六祖の魂は一体何処に居るのだろう。若し此の間の消息を懇切に見究はめ得たなら、二僧が鉄を売つて金を得たことになる。六祖はこらへかねて心が動くなどと禅宗の秘密に口をすべらせた……風、幡、心が動くなどと云ふのは何れも同じような妄想に過ぎない。只だ口を開いて饒舌るだけで、議論に堕ちて居ることを覚らない。(以上　公案大意)

事物の実相現象がどうして生まれるかに就いては「鐘声七條」のところで神道の岐美二神の感応同交、宇宙創造の原理として既に説いた。この公案が云はんとするところはそのもう一つ先の消息である。風も幡も心も動くのでないならば何も動いてなどは居ないのだ。動かないものがあるからこそ動くことが判るのである。その動かないものは「不生不滅不垢不浄　不増不減」のものである。六祖の魂は此処に居る。各人の魂の芯棒としてそれが存する。その名を「不動明王」と云ふ。すなはち神道の剣であり、統覚の実体である。天頂から地底を貫いて此の剣が立つている。すなはち「生命の樹」であり「扶桑樹」である。神道ではまたこれを「天の御柱、国の御柱」「一心の霊台、諸神変通の本基」と云ふ。

【無門関第三十則（即心即佛《そくしんそくぶつ》）】

馬祖に或時、大梅が問ふた。「如何なるか是れ仏」。馬祖が云つた。「即心是れ仏」……若し能く此の即心即仏を直ちに飽得し得るならば、人間即神仏であつて、仏の衣を著、仏の飯を食ひ、仏の話しを説き、仏の行ひを行ずるのだから、即ち是れ仏である。然しそうかと云つて大梅が此の馬祖の即心即仏の語を掲げて多くの（多少）の人を導いて、これを固定してそれが禪の基点（定盤星―秤の目盛りの起点）であるなど誤つて説くとしたら、そうした意味での仏と云ふ言葉を言ふ時、その汚れを浄めるために三日間も口を漱ぐ人がある事を知らなければならぬ。そうした男が即心是仏などと云ふ説法を聞いたら耳を掩ふて逃げて行くだろう……青天白日、明々白々である。仏とは何だと尋ね求（覔）むことを嫌らふ。更に如何なるか是れ仏と問ふことは盗品（贓）を抱えて屈辱だと叫ぶようなものだ。

（以上　公案大意）

自分が盗んだ品をみづから抱えながら、恥ずかしい事だと叫んでいる。泥棒は自分自身なのだ。自分自身が仏であるのに、仏とは何だ何だと人に訊ねる。と云つて神だ仏だと云ふ言葉には大抵ひどい罪穢れがある。これを聞くと三日間うがいをしなければならなくなる。許由と云ふ神仙のように河で耳を洗はなければならなくなる。その河で足を洗ふことも出来なくなる。仏教、キリスト教、神道の各教派宗派の宗教家が称する神、仏と検べてみる時夫々にひどい歪みを持っている。歪みが穢れである。偏つた歪みのない絶対の境へ還へる道が禅である。その歪みのない所から普遍の世界へ出て行く道が布斗麻邇である。

【無門関第三十一則（趙州勘婆《じょうしゅうかんば》）】

趙州の門下の僧が或時お婆さんに五台山への道は如何様行つたらよいかと問ふた。お婆さんは「真直に行け」と云つた。その僧が三四歩行つた時お婆さんがまた云つた。「お坊さんどうやつて（何処へ）行くのかね」後その僧が此の話をした。州が云つた、「待て、君の爲にそのお婆さんを検べに行こう」翌日出かけて行つて同じ様に質問した所、お婆さんも同じ様に答へた。州が帰つて衆僧に謂つた、「五台山のお婆さんを君の為に見破つて来たぞ……お婆さんはただ坐ながら帷幄の内に籌ることを知つているだけで実戦にはなっていない。賊すなはち達道の人を見破る（著）事を知らぬ。趙州老人はお婆さんが立て籠もる営に侵入し塞を劫かす機を用ひたが、悠々出かけて行くなどは大人気ない事だ。よく検べれば州にも僧にも過がある。だが質問する。趙州はお婆さんを如何様見破つたのか……有り来りの質問なのだから、答へもまた似た様なものだが、飯に砂があり、泥の中に刺が潜んでいるぞ。（以上　公案大意）

学僧は、お婆さんの答へに砂が入つて居ることを知らずに噛み、お婆さんは趙州の問ひに刺があることに気付かなかつた。尋常お座なりの言葉のやり取りの中に人生枢機を取扱ふ所に禅の妙味がある。「お早う」「今日は」「お暑う」「お寒う」これがそのまま禅の応答である。斯うして人間の魂が到達し得る宇宙の極限を究はめることが禅である。其処から正しい道を踏んで一歩々々出て来る道が摩尼である。

【無門関第三十二則（外道問佛《げどうもんぶつ》）】

世尊に或時外道が言葉で言はず、無言で示さぬ道を問ふた。世尊はその儘座に坐はっていた。外道は賛歎して云った。世尊の大慈大悲は我が迷雲を開き、悟りを得しめて下さった。そして礼をして去った。阿難が次で仏に問ふた、「外道は何を証明し得て賛歎して去ったのですか。」世尊は云った。良馬が鞭影を見て行く如しである……阿難は仏弟子だが、外道の見解に及ばない。だが質問する、一体外道と仏弟子とどれ位差があるのか……禅的真実の受渡しは剣の刃の上を渡る如く、氷の角を走る様な峻最なものである。其処に行くには必しも仏教の階程を登って来なくともよい。生きようと衝動的に悶掻く自我が獅噛みついている崖縁から手を放す時仏果を摑む。（以上　公案大意）

外道とは仏教にあらざる他教を云ふ、婆羅門教でもキリスト教、回教、乃至宗派神道でもよい。その外道が道の実際を問ふた。その時世尊はその儘に良久座に坐っていた。世尊が示現したのは即心即仏の実体である。「古仏」と云はれる道元はその実体を座禅によつて示した。外道はそれを観て悟つたのである。成程ここに仏が居る。人間は生き乍ら仏になれる、それは事実だと。

道（玄）の究極に到る階梯は必ずしも仏教の禅でなければならぬことはない。浄土の念仏も、キリスト教の瞑想、懺悔も、儒教の三省も乃至鎮魂帰神としての神道もすべて一つの道である。乃至必ずしもそうした欣求宗教宗派の修証を通らず自分独自の工夫を以てしてもよい。工夫は内面的ものであるから外部の形や宗派如何とは関係がない。どれでも自分の因縁に応じた道を辿ればよい。いづれにしてもそれを最後まで貫くことである。「終りまで忍ぶ者は救はるべし」と云はれる。救はれない考へ、救ひに到り得ない考へを悉く清算し、そして救はれたいと思ふ願望欲望を放擲する時救ひに至る。要は何かに獅噛み付いている手を撒せばよいのである。仏教以外の宗教を外道と云ふ事は当らない。ただ不完全な未踏のものを以て堕し得意となる事が外道であり、異安心である。他を外道と云ふ自分自身が外道である。

【無門関第三十三則（非心非佛《ひしんひぶつ》）】

馬祖に或時、僧が問ふた。「如何なるか異れ仏。」祖が答へた「心に非ず、仏に非ず」……若し此の問の消息が判つたならば参禅修学の事畢つて卒業だ……路に剣客に逢つたら剣を呈上すべし、詩人に遇はざれば詩を献ずる莫かれ。人に逢つたら奥義の三分を説くがよい、非心非仏などと全部（全一性）を説き施すべからず。（以上　公案大意）

「即心即仏」も「非心非仏」も同じ事で、哲学的な「否定」の両面である。両面は否定と肯定である。「何の為に即心即仏と説くか。小兒の啼くのを止めんが為なり。啼き止んだ時は如何様か。非心非仏。」「即心即仏は無病にして茶を求むるの句、非心非仏は薬を以て病を治すの句」と云ふ。迷はず欣求する者には即心即仏、既に何かに引掛って迷ひ苦しむ者には非心非仏である。

剣客非ざれば剣（非心非仏）を呈すべからず。詩人に非れば詩（即心即仏）を献すべからず。人に逢はば十分の三を説け。非心非仏は全面否定で非常手段である。所謂否定の否定であつて、全面肯定である。

だが此の公案で問題にしなければならぬ事は「参学の事畢る」の一語である。無門慧開は「非心非仏」を説いて第一原理である究極の玄に達する時参禅参学の修業は終ると云つたが、それまでで仏教の全部であるとしたら大きな錯りである。それは仏教ではあるが、仏教の初歩の一階梯としての小乗仏教である自己救済の道に過ぎない。今日迄印度泰学を初め東洋の仏教はすべて此の小乗の見解に止まつて其処を究極として其処から一歩も出ようとしないが、此の境涯は実は菩提究尽の道としての仏教への出発点であつて、真の参禅参学は猶ほそれからの修練研究である。法華経第七化域諭品は、その自己安心の境涯に止まつてはならぬ事を厳しく戒めている。

禅の悟りすなはち見性成仏は発心（発菩提心）であつて、仏道への出発であり端緒である。これを称して参学のこと畢るとは何事か。利に迷ひ、愛情に迷つて忽然念起する無明から、僅かに抜けだして人間らしい人間の道を歩む菩提心の第一歩に立つただけで事畢れりとして、それ以上の求道を肯へんじない時、そうした小乗的虚無寂滅の境に住んで結局自己の見解に嘯く者を破析して日蓮は「禅天魔」と呼んだのである。その意味で無門の云ふ如くんば禅は真の仏教ではない。「実に参ずること三十年にして始めて得てん」（十九則）と云ふつた事に矛盾してはならない。

「即心即仏」或は「非心非仏」、生命すなはち人間性が由つて来る玄に到達したら、其処から人間性が如何に発現し、その人間性を如何に整理し、操作して文明を創造経営して行くかと云ふ事を完全に解決することが大乗（密乗）としての真の仏道であつて、この道を「一切種智」「仏所護念」（一切諸仏所護念経）「摩尼宝珠」と云ひ、その完成体を「無上正覚」と云ふのである。個人としての悟りに停滞することなく、寒山が歌ふ如く。「摩尼を采らんがために欣求す」云ふのが真の仏教徒の姿勢であつて、その最高の解法は神道によつてのみ初めて与へられる。すなはち無上正覚とは布斗麻邇三種の神器の把持運用を云ふのであつて、その意義を兒示したのが法華経の奥義である観普賢菩薩行法経である。

【無門関第三十四則（智不是道《ちふぜどう》）】

南泉が云つた、心は是れ仏にあらず、智は是れ道にあらず……南泉は年老いて羞を識らず、口を開いて禅の内密をさらけ出した。そうかと云つて此の恩を知る者は少ない……空が晴れて日が出る。雨が降つて地が濕ふ。情を尽して都て説き了つている。そのままに受取らなければならない。（以上　公案大意）

仏は心が生じる原因本体である。道は智識が活動する原律軌範である。これを逆にして心を以て仏を捕へようとしたり智識を以て道に至ろうとしても不可である。存在の次元を異にするからである。言ひ換へれば心情と智解の由って来る所が仏であり道である。心情の曇りが晴れ、智解のこだわりが釈けた時、その次元の扉が開けて真道が現前する。

【無門関第三十五則（倩女離魂《せいじょりこん》）】

五祖が僧に問ふた。倩女離魂の真相（真底）は如何（那箇）か……この問題を考へて真相を悟り得たならば、霊魂は肉体の殻を出て殻に入ること旅舎に宿する如きものであることを知る。此処がはっきり判らなければ紊りに行ずる（乱走）莫れ。驀然として地水火風の四大（四要素）が逸散する死に臨んだ時、湯に落ちた蟹の様に手足を七転八倒させたとて間に合はぬ。その時になって無門は何も道って呉れなかったと言ふなよ。雲や月は何処へ行っても同じである。ただ谷や山が異るだけだ。めでたしめでたし、是れ一か、是れ二か。倩女は一人なのか二人なのか。（以上　公案大意）

張鑑子倩娘は親の決めた婿を嫌って愛人王宙と駆落して五年経った後、宙に伴はれて父の家に帰って来た。所が父の家には倩女が居て五年間物云はず病の床に臥ったままで居た。宙の妻の倩女が車より下りた時、家中に寝ていた倩女が走って出て両人の倩女が合体した。類説離魂記、剪灯新話の中にある話しで、抱朴子案の神秘神仙譚が漸次低級化した道教的な心霊物語りが載せてある。この倩女の奇譚には相当に眉唾の箇所がある。所謂夢遊病の娘の話しに尾鰭を付けて小説にしたと云ふのが真底である。肉体をもった一人の人間が同時に二ヶ所に居るという云ふ事がいかさまである。だが時を異にして性格の異なる同一の人が現はれることは有り得る。すなはち夢遊病であり精神分裂病である。

人間は霊肉両面を具現する渾然たる総合態であって、これを生命と云ふ。霊魂のない肉体はなく、肉体のない霊魂はない。死骸に霊魂はなく、生きた肉体から発したものでない霊魂は存在しない。霊魂は空間を飛来する思念性として感受されるが、すべての思念性は必ずそれが発信される生きた肉体を根拠としている。死んだ人間は霊を発しないし、また生きた肉体から発したものでない遊離した霊魂だけがフラフラと空間に発生したり浮游したりする如き事はない。テレビやラヂオの電磁波は必ず発信局から放送され、発信局の無い電波は存在しない。人間の思念性もまた一種の放射波で、その発信は電磁波と全く同様の操作を以てされている筈である。生ける人間の肉体は極めて精巧な思念性の発信装置であって、必ずこの肉体と云ふ器官を通じなければ思念性は発現する事がない。肉体から遊離した出霊或は心霊、神霊などと云ふものは存在しない。「出霊が有るなどと云ふ奴が出霊である」と沢木興道師が云ったがその通りである。

一人の人間の中には幾種類もの霊魂、思念、思想が自我内容として住んでいて、その時その場に適した必要な霊魂が出て来て活動して事を処理する。その霊魂相互の間に例へば「ジーキル博士とハイド氏」の如く連絡も提携もない状態が夢遊病者であり自己分裂症である。所謂神憑りは自己分裂症であり、決定を得ない信仰もまた然りである。また霊魂相互に或る程度の常識的連携があっても、全体としての自主性自律性の統率が出来ず、霊の出波に軌範がない状態が忽然念在する無明の迷ひである。故に「乱走する莫れ」と戒められる。以上何れも病的状態であって、この病気を医す方法が禅である。

そうした多種類の自己内容の霊魂に統一が出来て、それを自主的に自由に統御することを得た時、すなはち自分が自分の主人となった時、初めて精神的に健康な正気の人間の仲間入りが出来る。即ち初前の仏であり、即身即仏である。この初地の状態を辟支仏と云ふ。この自己統一・統御の活らきが「剣」である。哲学的には統覚と云ふ。すなはち倶胝の一指であって、禅は此の統覚への道である。

此の公案に対する無門の評頌は一応無我とするが、その他の禅者の評を見ると「真即妄、妄即真、故に真妄不二と云ふ」（呑空）とか、或は「是れ一か、是れ二か」に対して「倩女未離魂の一も是れ万福なり、倩女巳離魂の二も是れ万福なり」などと云って胡麻化して甚だ明析を欠くものがある。今日のような電波、電磁波に関する科学が存在しなかった当時は相当な僧でも霊肉の区分はむづかしかった様だ。世の心霊（神霊）を喜ぶ徒、神憑りに狂ふ者、或は信仰の明滅に苦しむ者は自己が病人である所以に速かに眼覚めなければならぬ。

【無門関第三十六則（路逢達道《ろぼうたつどう》）】

五祖が曰った。路上で達道の人に会ったなら言葉又は沈黙を以て応対すべからず。さあ、何を以て応対したらよいか。……若し此の時親切に応対することが出来たならばなかなかに愉快な事だ。然し其処まで行かないならば一切の物事に着眼して修業しなければならぬ。路上で達道の人に会ったなら、語黙を以て対応せず、頬が破れ面が劈けるまで拳で殴りつけるのだ。これだけ云って判る者は判るがよい。（以上　公案大意）

無門の頌は甚だ物騒で、うっかり路上で人に会へない事になるが、云はばそうしたものである。この公案は「拈華微笑」にも「迦葉刹竿」にも通じている。雪峰は「喫茶去」と云った。これはすっきりした答へである。

だが更に一言添へよう。禅は此処までの所で終はる。禅をはじめ世界のすべての宗教は此処までであって、拈華微笑の境域は人間の智性が到達し得る極限であって、宗教は此の山の頂上に登る向上の道である。その向上の極限に達した時、それから先に神道布斗麻邇の道がある。それはその頂上から人間の性能の原理である摩尼を道しるべにして、誤りない道を降って来て、地上の文明を創造し、世界を経綸する降り道であり、向下の道である。これを天孫降臨の道と云ふ。向上の道は世界の随所に開けている。だが向下の正道正法は神道三種の神器の道としてのみ存する。

【無門関第三十七則（庭前柏樹《ていぜんはくじゅ》）】

趙州に或時僧が問ふた。達磨が印度から来た事の意義如何。州が云った、「庭前の柏樹子」。若し趙州が答へた所を親切に見得するならば、過去に釈迦を仰ぐことなく、未来に彌勒を望むことなく、只今此処に生ける仏（自覚仏）としての我があるのみである。趙州の言葉は柏樹子と云ふ事象を述（展）べているのではなく、またそれは趙州の心境（機）を述べているのではない。言葉の表面だけを受取る者は生命を失ひ、字句に拘泥する者は迷

ふ。（以上　公案大意）

言葉は霊魂の表現であり、道の表詮である。霊魂を運んで彼の岸に渡すが故に神道で言葉を天の鳥船と云ふ。言葉の実質は霊魂であり、その霊魂の軌範が道である。故に言霊と云ふ。言と霊が一つになったものである。趙州の言葉にはその言葉によって示された本質実体である霊がある。それを受取らなければならない。

祖師西来の意、達磨が印度から持て来たものは何かと云ふ事である。この質問を受けた趙州は庭前に眼を放って「ほら、それだよ」と柏樹子を指した。この事は度々説いた、「麻三斤」と云ひ、「乾屎橛」と云ふ心と相通ずる。趙州が示したのは現実、具体、実相であって、この他に仏の色身はない。庭前の柏樹子を庭前の柏樹子とする精神（霊魂）の働きが観世音菩薩である。達磨は観音大士として「仏心印」（仏の心の印し、証し）を伝へた。仏心印とは諸法の実相である。

【無門関第三十八則（牛過窓櫺《ごかそうれい》）】

五祖が曰った、譬へば水牛が窓を過ぎるが如き場合、頭角や四肢が皆過ぎてしまったのに、何故尻尾の先は過ぎることが出来ないのか。……若し此の間に向って此の比喩を転倒して活眼を開き得て、みづからの活言を下し得るならば、上は三宝、国王、父母、衆生の四恩に報じ、下は欲界、色界、無色界の三有に貢献（資）することが出来る。然し未だ然らずんば更に須らく尾巴に顧て思索することによって初めて了得するであらう。尻尾が過ぎ去ってしまへば穴に堕ちる。過ぎ去らないで水牛が回って来ても壊られる。此の小さな尻尾は、是れ甚だ奇怪千万。（以上　公案大意）

この公案は無門関の中でも特異のものである。他の公案が多く、老子が云ふ「無名は天地の始め」の境を教へる霊魂（心）の指導である向上の道に関する事柄である事に対して、これは同じ老子の「有名は万物の母」の内容に触れるもので、その解決された人心を如何に運転するかと云ふ向下の道、すなはち仏の自覚内容（仏所護念）である摩尼（言霊）の働らきの一端に触れているものである。水牯牛の尾は布斗麻邇の言霊オに当る。尾であり緒である。奇しくも五祖はこれを牛の尾を借りて表現している。精しくは言霊学で五大五行（地水風火空＝イオアエウ）全体を説かなければならぬが、水徳であるオ言霊を「生命の玉の緒」と云ふ。このオである牛の尾を手繰り寄せると過ぎ去った牛全体が還へって来る。

昨日と云ふもの、過去と云ふものは現実、実相としてはすべて跡方なく消え去って具体的には、再び捕へようのないものであるが、この尾の先は過ぎ去らずに記憶の端くれとして今に残っている。この尾の先を端緒として、尾の続きである玉の緒を引き寄せると、消え去った嘗ての実相の内容が観念の上に珠子玉の様にぞろぞろと手繰り寄せられて来る。個人の問題としてはこれがその人の経験智である。学問上の事柄としては広い意味での歴史である。更にも一つ奥には入ってこのオを普ねき生命の実在として取扱ふ時、後出する「無量劫事即如今」と云はれる人類の宿業の全体的通覧把握となる。「第三文明への通路」

の内容は斯うした玉の緒の操作によってものされてある。

然しこの牛の尾巴の玉の緒は生命本意の知性の内容であるから無門の云ふ如く甚だ奇怪な働らきをする。この時玉の緒によって過去の何を手繰るかが問題である。煩悩、色欲、怨恨等々の経験を手繰り寄せれば、その都度再びそれに惑溺したい思ひに駆られて遂に出離の機がなくなる。これを宿業と云ひ、輪廻と云ふ。すなはち「回り来れば却て壊らる」である。然し玉の緒によって人類の歴史を手繰り連らね宇宙の組織、世界の動向を明かにするならば、以て四恩に報じ三有を資ける所以となる。斯の如き大切な尾巴子を放して、牛が過ぎ去ってしまって、再び還へることがない時が忘却であって、忘却は忘恩である。すなはち「道を去れば坑塹に堕す」である。歴史の緒が断たれたら人間は動物の境涯に堕ちる。歴史を断ち切った現代の教育は忘恩の青少年を作る。

煩悩無明の地獄も尾の活らきであり、真如菩提の極楽の道も尾の活らきである。然し玉の緒自体には善悪はない。それ以前の生命の本性の一つである。だが宇宙に実在する生命の基本的要素は此のオ言霊（水徳）ばかりでなく、その他にアイエウ（風地火空）の四つの活らきがある、これを五大と云ふ。その五大の一つを取扱った所に此の公案の意義があるのであるが、その五大を総合し操作する基本法が布斗麻邇である。昨日から今日に続いていると思ふ勿れ、今日が昨日を引連れて行くのである。昨日が今日を導くと思ふことは観念に過ぎない、今日が明日を開くのである。

【無門関第三十九則（雲門話堕《うんもんわだ》）】

雲門に或時、僧が問ふた。「光明寂照河沙に遍し」。その句が未だ終らぬうちに門が遽かに曰った。「これは張拙秀才の語ぢゃないか」僧が云った「そうです」。門が云った「話しに堕ちている（話のための話しだ）」。後に死心がこの話しを取扱って云った「此の僧の何処が話堕か」。若し此の話しを考へて、雲門の取扱ひ方（用処）が孤危であり、この僧が何に因って話堕であったかが明かになったら、人天の為に師となる資格がある。若し未だ明かでなければ自己の救いを完了していない。急流に釣を垂れると。餌を貪る魚は引掛る。口

を僅かに開けば生命を喪ふ。（以上　公案大意）

禅は自己の霊魂の解決の道であって、禅問答はサロンの談話ではない、議会の応答や、教室の講義質問でもない。魂と魂の真剣勝負である。「それ」（thatness）の話し、話しのための話しを話堕と云ふ。自分の云ふことに自分で全責任を負はぬ言葉が話堕である。洞山三欣の則にもある如く禅は話堕を禁ずる。自分で自分の言葉に全責任を負ふ力が足りない時は、率直にその事を懺悔する。キリスト教ではこの方法を用ひている。道が未解決の時は謙虚に問ふて答へを求める。懺悔や問答は話堕ではない。懺悔もせず質問もしないなら生身の牧者、師家を求める必要はない。古来聖賢の害は多いからそれを座右に独りみづから工夫すればよい。だが斯うした場合聖賢の害に対して自分勝手な解釈を加へる恐れが多い。道の太極に至る向上の過程である宗教に於ても、またその太極から原理原律を以て向下する道である布斗麻邇に於ても話堕の暇はない。話しの為の余計な饒舌は有害無益である。禅は黙を尊ぶ。

【無門関第四十則（趯倒浄瓶《てきとうじんびん》）】

潙山は初め百丈の門下に居て食事係り（典座）だった。百丈が大潙山（寺）の主人を選ぼうとして首座を初め衆僧を集めて答案の言葉（下語）を述べさせようとして自信のある者は往けと云った。百丈は浄瓶（手洗ひの瓶）を持出して地上に置き、問ふて云った。「これを喚んで浄瓶となすを得ず、汝喚んで何となす」。首座が答った、「喚んで木楔（木の杭）となすべからず」。次に百丈は同じく潙山に問ふた。潙山は浄瓶を蹴倒して出て行った。百丈は云った、「首座は潙山に負けた」。因って潙山に命じて開山とした……潙山が一期の勇気を奮ったが如何んせん百丈の圏䙡（動物の檻）を出ない。仔細に検討すれば潙山は重任を選んで軽い仕事を辞した。何がゆえに典座の俎板を捨てて大潙山の主（百丈の圏䙡）としての大任を担ふようになったのか……典座の笊や杓子を捨てて、いきなり突進して周囲の遮るものを蹴った。百丈は重関を設けて攔へたが潙山突進は住まらず、脚先から仏が無数に（麻の如く）踊り出り出た。（以上　公案大意）

不立文字である禅は言語と文字を用いぬ事を建て前にしているが、その半面に言語（文字）を限りなく尊重する。前述の如く「有名は万物の母」であり、キリスト教に於ても「初めに言葉あり、言葉は神と共にあり、言葉は神なり」と説く。人間は迂闊にこの事を無視看過しているが、万象万物の実体はその名すなはち言葉にある。言葉は生命の知性のひらめきであり、その律動である。言葉のないものは存在するかも知れないが、人智の認識に登らない。智性が活動しないからである。人間の智性はすなはち文明は言葉と共に、言葉（そして文字と数）によって初めて発現し操作される。言語と文字のない者が野獣である。野獣の世界に文化はない。故に「萬のもの言葉によりて成る。言葉に生命あり、生命は人の光なり」である。その人類の言葉を整理して、言語の法則として、すなはち智性の法則を樹立しものが神道布斗麻邇（摩尼宝珠、仏所護念）である。世界にこれより大いなるものはない。

物象には名がある。名が実相の正体である。浄瓶を浄瓶と云ふことを得なければ、それは何だか判らぬものであり、意味のないものであり、何でもないものであるから潙山は蹴飛ばしてしまった。だが斯く云ふ所までは理窟であり、この理窟に誤りはないのであるが、理窟だけではまだ実際の禅ではない。この様に理解する所を理解に止まらず端的直截の行為に表はしていきなり浄瓶を蹴倒して去った潙山の気鋒の鋭さ、活発な行動力を観て行かなければならない。禅は文字を越え、言葉（道理）を越え、その道理がそのまま行為に生きる所に存する。布斗麻邇は智言行一致の境涯に存する。

【無門関第四十一則（達磨安心《だるまあんじん》）】

達磨面壁す、二祖雪に立って、臂を断って云ふ、弟子心未だ安からず、乞ふ師安心せしめよ。磨云ふ。心を持（将）ち来れ、汝が為に安んぜん。祖云ふ、心を求（覓）むるに遂に不可得。磨云ふ、汝が為に安心し終（竟）る。歯の缺けた老印度人が十万里海を渡（航）って特々として来て、風なきに波を起した。（本来の面目は、達磨の教示を待たず各人晟是のものである。最後に一人の門人に接するを得たが、その男は断臂によって六根五体の不具者となった。達磨（謝三郎は張三李四と云ふに同じ、熊さん八さんである、達磨を指す）は不立文字の四字を識らず……西来の達磨が直指人心見性成仏を説き、これを二祖慧可に委嘱した事によって、大事件が起った。禅林（叢林）を撹乱した者は元来汝達磨である。すなはち禅宗を興したのは達磨である。（以上　公案大意）

心は転々として動いて止む時がない。「コロコロ」と転がることが日本語の心の義である。境に従ひ条件に応じてそれを認識しそれに対応して変化旋転して止む時がない。心自体に固定した状態はない、変化そのものである心に安定（スタビリテイ）を求めることは不可能である。それは自分の尻尾を追ってくるくる廻はる小猫の術である。その心は既に現象、心象であって実体ではないのであるから「心の正体を覓めてもつひに不可得」である。「曠却よりこのかた常に没して出離の期なし」と親鸞も云ふ。この時変化そのものである自分の心の変化を窺かい観ている者がある。観る者があるから変化を変化と認識出来る。この観る者を仏と云ふ。"Cogito ergo sum"と云ふ。この観る働きを本来の自己、如来の面目と云ふ。観世音菩薩である。達磨安心の眼目である。「観音大士仏心印を云ふ」(碧巌録)

【無門関第四十二則（女子出定《じょししゅつじょう》）】

昔或時、世尊の所に文殊菩薩が来たが、丁度諸仏が集会が終って、各々その国に帰る所だった。この時一女人があって彼の仏座に近く禅定三昧に入っていた。そこで文殊は世尊に問ふた、「何故に女人は仏座に近づくことを得て我は得ないのか」。仏が文殊に告げた、「汝ただ此の女を覚まし三昧より起して汝みづから之に問へ」。文殊は三度女人の周囲を巡り、指を鳴らすこと一下して、上は色界の頂点である梵天に連れて行ったりしてその神力を尽してみたが出定させることが出来なかった。世尊が云った、「たとへ文殊が百千集まっても此の女人の定を出すことを得ない。下方十二億恒河沙の国土を過ぎた所に罔明（棄諸蓋）菩薩が居る、能く此の女人を定から出すだろう」。

直ちに罔明菩薩は地より湧き出して、世尊を礼拝した。世尊は罔明に命じた所、罔明は女人の前に至って指を鳴らすこと一下すると忽ち三昧から出た……釈迦老人は此の一場の雑劇を演じたが、生やさしい事では判らない。文殊は過去七仏の師であるが、何故に女人の定を出す事を得ないのか。新発智の罔明菩薩が、何故に却って出し得るのか、この間のいきさつを見究はめたならば忙忙として業識が起っているそのままが龍那伽の蟠屈する如き大禅定であることが判る……女人を定より出し得るも得ざるも、文殊（渠）も罔明（儂）も共に自由を得ている。世尊は両菩薩に色々と藝当（神頭鬼面）をさせた。文殊が失敗した事もその彼風流である。（以上　公案大意）

禅定は心意識、知情意の活動が停止した状態で、云はば人間が物体になってしまった状態、龍が蟠居する如き大自然そのものの姿であって知性の活動ではない。知恵の菩薩である文殊が得手とする所は禅定そのものではない。文殊の知恵は禅定の実体から出ては来るが禅定そのものではない。禅定は文殊の知恵以前のものであり、如何なる高度の知恵も禅定以後のものである。罔明の名の意訳を棄諸蓋と云ふ。心の蓋ひを除くと云ふ意味で、学識知恵とは別箇の云はば肉体的な行力を積んだ初地の菩薩である。文殊と罔明の間には斯うした因縁個性の相違がある。その文殊の智力が女人の定に関与することを得ず、罔明の行力が簡単にそれを開くことが出来た事が此の公案の山である。

智性活動は個人の業縁所生の迷ひであると同時に人類生食の発露具現である。この事をまた人間生命の宿業であると考へてもよい。知恵は絶対境域である本来の面目から生まれて来て、その面目の子である。神道ではその子を岐美二神の御子神と云ふ。すなはち諸法の真姿実相現象である。親鸞は「いづれの行もおよび難き身なればとても地獄は一定すみかぞかし」と云ふが、宿業にまみれて出離の期なきどん底の地獄の思ひも弥陀の本願を越ゆるものではなくして、その本願の中に包まれて居て、そのままで救はれている。文殊が操作する知恵は大観すれば人類の業識であり、親鸞が悶掻いた煩悩の地獄は彼個人の罪業であるが、よくよく考へれば両者はただ登り道と降り道の風光の相違であるだけで実は同じもの、一つものである。

そうした知恵、学識、業識、業縁、煩悩、罪業が生まれて来る元が行的意味で禅定三昧と云はれる生命自体である。この両者が一つものである事を「煩悩即菩提」と云ふ。仏教の奥義であり人類の最高の叡智（ソフィア）である摩尼宝珠（布斗麻邇）は人類の業識から離れた別箇のものであるのではない。知恵と煩悩をひっくるめたその人間の業識を精錬し認識したものに他ならぬ。文殊の知恵も罔明の行力も大禅定そのものの自由な現はれであって、文殊が罔明に敗けたとて、それが文殊の面目であり個性であるから、そのまま「風流（五百生）」（第二則「百丈野狐」参照）であるわけである。有るべきように有っただけのことである。

【無門関第四十三則（首山竹篦《しゅざんしっぺい》）】

首山和尚が竹篦をひねくって衆僧に示して云った。「これを喚んで竹篦となさば法に触れ、竹篦となさざれば道に叛く。何と喚んだらよいのか」……言ふわけに行かない、言はないわけに行かぬ。さあ言へ、さあ言へ……竹篦を取り上げて殺すか活かすかの命令を行った。何れにしても道に違ふ。仏祖も命乞ひをするだろう。（以上　公案大意）

四十則（蹴倒浄瓶）と同じく言と霊である言霊の意義を知る便となる公案である。竹篦を篦と呼んだら「なんだ、竹篦か」と云ふだけで終わりである。竹篦と呼ばなかったらその用が出て来ない。言は言ひ、霊は言はない。この両者が渾然として一つになった所に文明としての道がある。「無名は天地の初め（霊）、有名は万物の母（言）」である。この時物象心象をひっくるめて森羅万象に名を付けて全体として統一ある簡明な曼荼羅を作り、相互に矛盾する事なき名の原則、万物命名の真法を布斗麻邇と云ふ。これを「言葉は神と共にあり、言葉は神なり」（ヨハネ伝）と云ふ。

言葉は普ねく諸仏に共通であるから「諸仏の語異ならず」（方便品）と云ふ。諸仏は悉く此の言語とその法則を用ふるが故に「仏所護念」（一切諸仏所護念経）と云ふ。摩尼の意義を禅によって悟ったならば直ちにその摩尼の実体を神道布斗麻邇に護よ。

【無門関第四十四則 (芭蕉柱杖《ばしょうしゅじょう》)】

芭蕉和尚が衆信に示して云った。「汝に柱杖子が有るなら、我汝に柱杖子を與へる。汝に柱杖子が無いなら、我汝の柱杖子を奪ふぞ」……この柱杖子に助けられて(たすけまひらせて)橋が落ちた河を渡り、月の無い暗闇の村へ帰って来られる。若し形ある柱杖と思ったら、箭(矢)の如く地獄に墮ちるぞ。この柱杖子を用ひて人々の境涯の深浅をすべてたちどころの中に計量する。またこれによって天を支へ地を支へ、隨時隨所に自在に禅の面目を発揮する。(以上　公案大意)

柱杖とは杖である。人間がそして広く人類が生存して行く上に生命の柱として頼りにすることが出来るものである。親鸞は「煩悩具足の凡夫、火宅無常の世界は、よろづのこと、みなもてそらごと、たわごと、まことあることなきに、ただ念仏のみぞ、まことにておはします」と云ふ。世の中は自他共にすべて虚仮である中に念仏のみが(末とほりたる)真実であり、頼むに足ると云ふ。親鸞の念仏は仏を信じなくて、信じようとする心ではなく、仏の心、弥陀の本願悲願そのものを云ふ。本願の実体は宇宙生命の自己指導性である。世に是以上人間の頼りになるものはなく、これのみが頼みとするに足る唯一のものである。柱杖子とは斯の如きものである。

柱杖は杖であり、一本の柱の如く立っているものである。この公案は倶胝竪指と一脈相通じている。竪てた指も杖も同じ象徴である。此の自我の存在を貫いて立っている見えない杖は上は天頂を貫き、下は地球の底に達している。生命の自己指導はこれを根拠として此処から発現する。自己指導は判断力であって、すなわち柱杖子は判断の根拠であり淵源である。是非善悪、利害得失、愛憎好悪を判断する此の人間の本性は但し経験知による、経験知だけに拠る判断ではない。その経験知を包摂して、それを活用してみづから次の刹那に動いて行く道を規定し軌範する劇場である。みづからの運命をみづから切り開いて行く人間精神の自主性自律性の実体である。この時法は法を産んで多々益々弁じて行く。すなはち柱杖子は更に柱杖子を与えられる。

人間であるみづから運命を開く此の柱杖は同じ人間の集団である国家、民族、世界の運命も切り開いて行く。この時この柱杖を「アロンの杖」と云ふ。イスラエルの三宝の第一である。モーゼの弟であり祭司長（宰相）であった彼はこれを揮って民族を指揮指導して無明の世界であるシナイの荒野を行き、ヨルダンを渡って民族の心願の国家を建設した。まことに文字通り断橋の水を過ぎ、無月の村に帰ったのであった。

神道に於ても此の柱杖子を呼んで同じく杖と云い、または柱と云ふ。即ち天之御柱、国之御柱であって、天を撑へ、地を拄ふるものであり、これを「一心の霊台、諸神変通の本基」と云ふ。すなはち剣であり沼矛である。アロンの杖は杖ではなく剣であり「節刀」である。古事記には伊邪那岐大神の禊祓の条に「投げ擲つる御杖に成りませる神は衝立船戸神」とある。この杖は霊魂の憑り代であって、「念仏のみぞ末通りたるまことにぞありける」念仏の念であり、仏の知恵であり、生命の光が発現する淵源である。この御杖を擲うって、奮ふ時、霊魂（知性）の原素である言霊の法が確立する。船戸の船はノアの方舟の舟であり、その中に言霊を納める御船代である。船戸神をまた来名戸神（岐神）とも云ふ。クナは九十七であって、言霊百神の第九十七番目の神すなはち伊邪那岐大神の義である。この岐神である言霊を齋き立（衝立）てたものが即ち御鏡（八咫鏡、曼荼羅）である。精しくは言霊学で説こう。

理解に傍して更に蛇足を加へよう。真浄和尚云く「儞に柱杖子有らば、我儞の柱杖子を奪はん。儞に柱杖子無くんば、我儞に柱杖子を与へん。」また大潙喆と云ふ人も同じ様に説

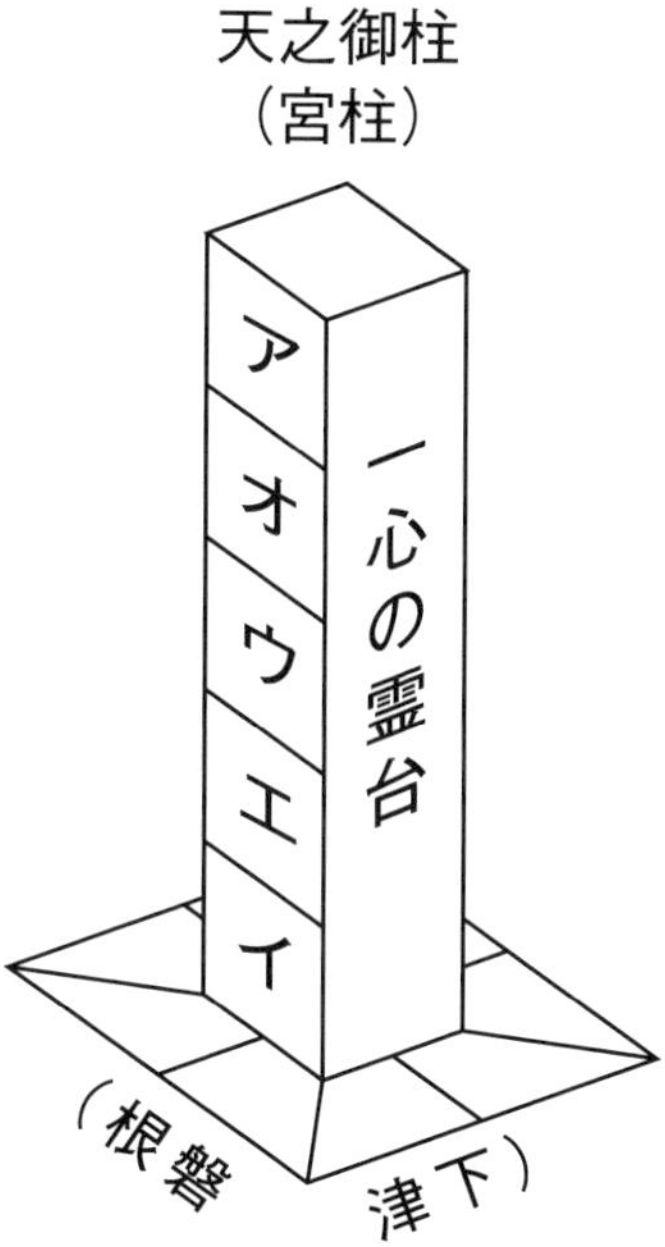

図表11. **天之御柱之図**

いている。芭蕉とはまるきり反対である。柱杖子は無ければならない。然し有ってはならない。無ければならぬのは人間先天本基の柱杖子である。有ってはならない杖はそれに頼り、それを担ぎ、それを笠に着て、他と対立する自己を修飾強化しようとする断価主義、末法信仰、数理教義信念、基本希求学々である。有ってはならない柱杖子に頼る者を依草附木の精霊と云ふ。そうしたそれに頼ろうとして獅噛み付いている儚ない心の支へが真に頼るべからざる恥づべきことであることが判った時一本立ちの独立した本来の自然人である。その一本立ちの独立独行するもの自体が芭蕉の云ふ柱杖である。これが衝立船戸神である。「この故に汝等聞くこと慎しめ、其れ持てる者は与へられ、持たざる者は持てりと思ふものをも奪はる。」（馬太伝）とある。然し持てりと思って借り物だけで真法を持たぬ者は持てるものを奪はれる。持たずしてひたすらに求める者には値なくして与へられるのである。

【無門関第四十五則（他是阿誰《たぜあた》）】

東山の演師祖が曰った。釈迦も彌勒も他所の奴（他人）に過ぎぬ。然らば此の他人は一体誰なのか……若し此の他人が誰であるか暁に分ったならば、十字路で親父に出合った様なものだ。別人に向って是が親父であるかどうかを問ふ必要がない……他人に弓を挽くなかれ。他人の馬に騎るなかれ。他人の非事を気にするなかれ。他人の事を知るなかれ。（以上　公案大意）

釈迦も弥勒も昔印度に居た、或は是から現はれる仏様だと云ふだけで全く関係のない他人に過ぎない。だが仏教徒は此の他人を追慕し謁仰する。一体これは何者であるのか言って見よと云ふのである。新約聖書は四福音書によってイエス・キリストの輝かしい言行と事蹟を説いている。そして斯の如きイエスが救世主であることを汝みづから証明せよと云ふのがキリスト教の根本の教義である。みづから此のキリストの証明を経ぬ者は未だ本当のキリスト教徒ではない。旧教と新教とを問はず全キリスト教は挙げて此の一個の禅的意味に於ける公案であると云ふ事が出来る。然らばイエスが救世主であることを書物によらず、教義によらず、信仰によらずして如何にして汝みづから証明するか。釈迦弥勒が真に仏陀であることを如何にして証明するか。この時千万言を費して事績を挙げ、スコラ哲学の如くと理論を組立てて以てキリストの所以を説いても具体的証明には決してならない。それは自証されない他人の事であるからである。

一粒の米が米である事を証明する為に千万言を費しても本当には納得できない。この時本当の米粒を更にもう一粒持って来て並べて見ると、成程前者が米である事が一目で明瞭である。釈迦が仏陀であり、イエスが救世主である事を証明するためには今此処に居る生身の仏陀、現実の神の霊子と較べて見ることである。そしたら成程法華経に示された彼も同じく仏陀であり、馬太伝の彼も同じく神の子であることがみづから証明される。「持てるもののすべてを捨てて、十字架を負いて我に従へ。」この言葉を実行する時この証明が与へられる。「南無阿弥陀仏」とは弥陀が彼みづからを呼ぶ声である。弥陀が自分で、自分が弥陀で、渾然と不二一体である所が他力念仏と自力聖道門の一致点である。

【無門関第四十六則（竿頭進歩《かんとうしんぽ》）】

石霜和尚が云った。百尺の竿頭から如何にして歩を進めるか。又古徳が云った。百尺の竿頭に坐はって悟りを開いても未だ真当とは云へぬ。百尺の竿頭から須らく歩を進めて十方世界に全身を現ぜよ……竿頭から歩を進め、身を翻へし得たなら、何処であろうと嫌ふ所はない、尊くない所はない。然し斯く云ふものの百尺竿頭から如何にして歩を進めるか……大自在天の第三の眼を見開くと、却って其処が禅の本拠（定盤星）である如くに虜はれ易い。この時能く身を捨（拚）て命を捨てなければならぬ。身命を捨てて宇宙を自在に活躍しても猶ほ一盲群盲を引いて盲滅法のものであるかも知れないが、それでいてよく衆人を指導引率して誤りなくことを期することが出来る。（以上　公案大意）

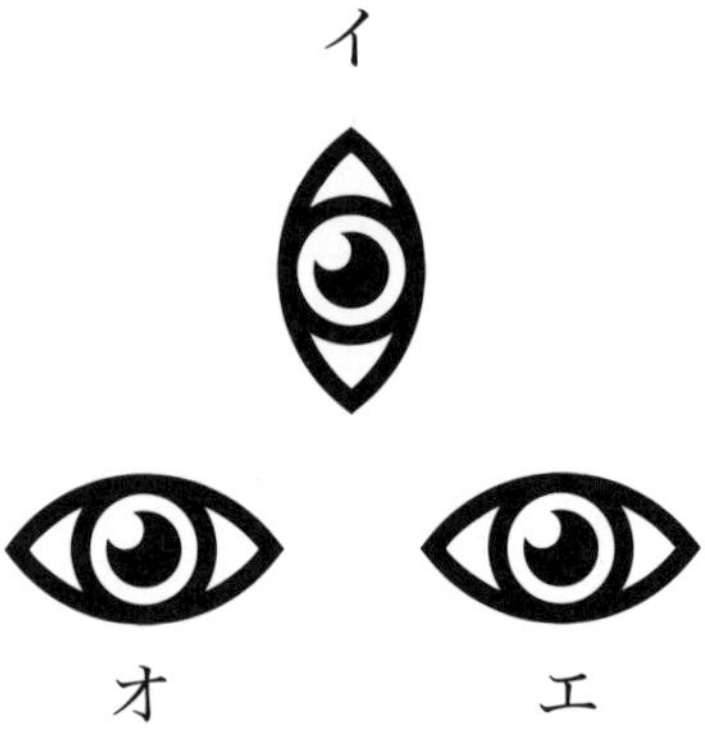

図表 12. **三つ葉の眼**

大自在天（摩醯首羅、伊舎那天）は宇宙の頂点、北極星座にいて全宇宙を見瞰している。これに三眼がある。オ、エ、イの三つの智性であって、第三の真中の眼が頂門の眼（イ）である。これを𑖂字の三点と云ふ(梵字の𑖂は三眼の形に書く)。これが百尺の竿頭に座して無限の空界本能界に得入した人の境域である。

仏説の大自在天は伊舎那天すなはち神道の伊邪那岐大神に当る。これに三眼がある。伊邪那岐（美）神の像もまた三眼に象どられている。オエイ（又はウの）三言霊はイ言霊（布斗麻邇）の智的内容であって、これを三智（三命、道）と云ふ。ミツハノメ（三ツ葉の目、罔象女）とも云ふ。此の三言霊の意義を象徴したものが神武維新発祥の地である大和三山である。畝傍山はウ、耳成山はオ、香具山はエである。耳成山には菊＝聞くが、香具山には桜が植えてあった。梵字の𑖂（イ）は三言霊を図示している。

斯の如く宇宙の頂点に居て、全智能を開いて達観している瑜伽座禅、那伽大定の人でも、その頂門の智眼に虜はれて、それを定盤星（秤の支点）とすると動きが取れない、だからそれだけではまだ本当でない。この時身を捨て、命を捨てて宴座の竿頭から歩を進めて普ねく衆を済度しなければならぬ。

無字の工夫修練を以てする禅は向上の道である。百尺竿頭に在る大自在天の境涯はその向上の頂点である、人間が到達し得る極限の無限の認識であって、同時にその無限と云ふものに限局された有限の太極である。これが神道の高天原である。すべての人間の知恵も行動も此の太極高天原の内部のものであって、人類はこれより外には寸毫も逸脱し得ない。

此処まで到達した時人は須からくその頂点から、頂点を離れて世界に向って普ねく歩を進めなければならぬ。「十方諸國土、無刹不現身」（普門品）と云はれる所である。その歩んで行く道を向下の道と云ふ。だが、竿頭から歩み出して他の何処かへ行くわけではない。「三界を捨てて何処に向って去らんとする」であって、其処から頂上へ登って来た元の世界へ帰るのである。それは普ねく世界へ衆生に生命の光りを戴らし、その光りによって文明を創造建設経営して行く道であって、この道を大乗と云ひ、神道では天孫降臨の道と云ふ。その内容を天津磐境、天津神籬と云ふ。この時「一盲群盲を引く」などと云ふなら一応の悟りは得ていてもまだ小乗辟支仏独覚者の境涯にあるのであって、それでは必ずしも誤りなきを期し得ない。摩尼を操作する無上正覚の覚者仏陀は盲人ではない。

この時全世界の人類に普ねく生命の知恵の光りの内容を伝へ、光りの内容を活用して世界を運転し、文明を創造する為には、先づその光りの内容の原理とその活用法を弁まえなければならぬ。知恵の光りの原理を摩尼（布斗麻邇）と云ひ、一切禅智と云ふ。無上正覚を得たすべての仏陀は正覚の本質として此の摩尼の原理を体得している人であるからこれを仏所護念（一切諸仏所護念経）と云ふ。すなはち仏陀は此の仏所護念を把持奉戴して菩薩として向下するのである。仏陀の向下はすなはち天孫降臨であり、向下する菩薩の仏教名を普賢と云ふ。すなはちスメラミコトである。精しくは法華経と観普賢菩薩行法経に就て説くこととする。

エピソードを話そう。筆者はよく俳句を作った。日常生活の事琴線に触れた経験を十七字にまとめて表現して一面には反省に僬した。在郷に住んでいた晩秋の或る日多摩川の岸を歩いて次の句を得た。「秋風や土堤の飯場に灯がともる」。〈桜山子〉自分乍ら素晴らしい句だと思った。然し扨てそれからしみじみと想った。この句を作った後、更に自分にどんな句が出来るだろうと思った時、此の先の世界はも早や俳句の世界ではない、それはも早や俳諧の観照的態度などを以て対していられる世界ではない。この事に気が付いたから、それ以来自分はぷっつりと俳句を作ることを止めた。「芭蕉よ、さよなら」、である。

【無門関第四十七則（兜率三関《とそつさんかん》）】

兜率の悦和尚は三つの関門を設けて学道者に問ふた。煩悩を拂ひ玄奥に参ずるのはただ見性を図るためである。只今君の本性は何処に在るか。自性を識り得たならば方に生死相対の矛盾を脱する。息絶えて眼光が落ち肉体の死に臨んだ時如何に生死を脱し得るか。生死を脱し得れば死んでからの行く先を知る。地水風火の四大要素が分離して何処に向って去るか……若し能くこの問に対して三つの回答の語を下し得ば、随所に主となり、縁に従って宗師となる。若しそれ未だ然らずんば、粗末簡単な食物で飽き易いけれども、この公案をよく噛んで味はへば飢え難く身を養ふであろう……我が心よく無量劫の時間を見通し、無量劫の事すなはち只今の如し。只今この心を観破修得すれば、それを観破する人の心を観破する。（以上　公案大意）

見性の性は心である。自心が由って来る所の淵源を明かにする事を云ふ。その本体実体は感覚以前の空であり、教理的には霊であり、剖判の前際としては太極であり無極である。神道では「天地初発の時」と云ひ、天之御中主神と云ふ。これ以上に大いなるものはない。是以外の世界に人間の認識は到達し得ない無限と云ふ有限である。趙州無字の工夫は行程としたならば此の見性の体験に至る臨際であり、本具の知性の活用とするならば無字は太極に立脚しての判断である。これは本体の説明であるが、実際に斯うした君の心の本体は何処にあるか。

この体得によって自性の由来を知ったならば生死相対界の矛盾去執取捨選択の迷ひから脱する。その脱得の状態を西田哲学で「絶対矛盾の自己撞着」と云ふ。「両頭を截断すれば、一剣天に倚って寒し」などとも云ふ。矛盾を矛盾と観る者自体は矛盾する両者の何れにも属さないからすなはち生死相対を脱している。だが然し生死を脱すると云ってもいよいよ肉体の死期に臨んで眼光が落ちて、生と死の幽魂の境に立った時、その生死を如何様して脱するか。

生死相対の矛盾を脱したならば魂の行く先を知る。自己の生命すなはち精神と肉体を構成している地水風火（空）の四大が分離飛散して、人間は一体何処へ行くのか。極楽天国へ行くのか、地獄へ行くのか、それとも幽魂が此の世に止まって墓辺に低迷し、愛人や仇敵の家の辺りを彷徨するのか。これに就て他人に聞いて、そうだろうと思ったとて、それは他人の見解であって自分自身の事は自分で識るより他はない。極楽天国が有るとしたら何処に如何様あるのか、釈迦が小乗教で（方便として）説いた地獄があるとしたら一体何処に如何様あるのか、幽霊がさ迷ひ歩くとしたら愛着なり怨恨なりの人間の思惟が肉体を離れて如何様にして存在し得るものであるのか。

扨て如何様なるのか、故らに説いたとて無益であり、敢て説くべき事ではない。君みづから看るより他はない。若しみづから態象に思惟して結果を得たならばそれを揚げて質問するがよい。その答策に採点しよう。だが老婆心を以て霊肉に関する定理を揚げて置こう。曰く「肉体のない霊魂はなく、霊魂のない肉体はない。霊魂（思念）は必ず生きた肉体から発する。生きた肉体から発しない霊魂は無い」。この定理は但し、君みづから証明せよ。

この三つの関門は無門関の総結論とも云ふべきものである。第一則の無字の拈提を卒業し、四十六則を次々に開いて行ったら、この三則もおのづからに釈ける。その時その人は随所随所に主となり、縁ある毎に人の指導者となる。然し此の三関を透らなければ如何に屁理屈を弄し、魔力を奮はうともすべて偽りの宗教者である。仏教徒でもキリスト教徒でもない。釈迦もキリストも「我れ汝を知らず」とその人に云ふ。況んや神道者でもない。此の三関は簡単粗末だが、しみじみ噛んでみづから味はふべきである。

三関を透過した自由人の思惟は普ねく人類文明を観察し無量劫に亘って通達する。その無量劫の時間の歴史の過程に起った事柄を今此処の眼の前に観る。無量劫を無限の時間の延長と考へるが、それは時間の相に於て物事と見るから長く伸びるのである。その歴史の相の実体は実は今此処に存在している。斯の如き物の観方を「永劫の相に於て観る」(スピノザ)と云ふ。「我れ寒山に住してより候に幾万年を経たる」(寒山詩)とも歌ふ。神道では此の永劫の相の拠点を「中今」(日本書紀)と云ふ。「第三文明への通路」はこの永劫の相に立って認識された人類の歴史である。自分自身がこの永劫の相に立つ時、同じく永劫の相に立つ者の心が判る。ただ仏にのみ仏の心が判るのである。これを「去来現仏仏想念」（方便品）と云ふ。「唯佛与佛、乃能究尽諸法実相」とも云ふ。

【無門関第四十八則（乾峯一路《けんぽういちろ》）】

乾峯和尚に或時僧が問ふた。「十方の佛（菩伽梵）の世界の中に涅槃に到達する道はただ一つであると云ふが、一体何処にその道があるのか。」峯は拄杖を拈起して空中に一字を書いて云った。「この中に在る」。後に此の僧が雲門に質問した。門は扇子を拈起して云った。「扇子が飛び上がって三十三天に上って、その忉利天の中央に居る帝釈の鼻孔に当たった。また東海の鯉魚を打つこと一棒すれば雨が盆を傾ける如くに降る様なものだと答へた……乾峯は深々たる海底に行って高々たる山頂の機らきをなし、雲門は高々たる山頂に立って白浪を天に揚げた。前者は把定し（奪い）、後者は放行し（与へ）て宗乗の意義を立てた。涅槃の一路を二人が相向かって馳せて、互い撞着するが如くである。世界に斯の二人の如き人が居てもそれを本当に既解する人がない。正眼にこの二人を観れば二大老まだ涅槃の一路を知らぬものである……。

未だ足を挙げないうちに已に到って居り、未だ舌を動かさないうちに既に説き終わっている。だが直饒へ著著と人に対して先手々々と制して行っても此の涅槃の一路に透入するには更に向上の要関あることを知らなければならぬ。（以上　公案大意）

「十方佛土中に唯だ一乗の法あり」と法華経にある。十方佛土を印度の仏教に限定して説かなくともよい。キリスト教でも仏教でも儒教でも乃至神道でも、その究極の涅槃の道、仏教の所謂一切種智、仏所護念の道はたった一筋である。人間が仏であり、神の愛子であり、神の命である究極の道は、全世界全人類に共通普遍ただ一筋である。その道は何処に在するかと云ふよりは、その道は何かと云ふのが此の僧の問であると解することが正当である。涅槃そのものの内容は法華経にも涅槃経にも利来記にもヘブル書、黙示録にも、暗示、黙示、咒示されてはいるが明示されてはいない。前則兜率三関を透って一応の自在を得た人間が更に一路向上して無上正覚を獲得しめろと云ふ目標となる所がその正覚自体の内容である涅槃の全景である。涅槃の原義は粘土盤文字（clay-tablet）であって粘土の上に表音文字を以て記して一切種智の認識を現はした古代の曼荼羅のことである。法華経はその渇望の存在を示してそれを体得運用し得るに到るための心栈への修練、すなはち菩薩行の指導書である。一切のキリスト教の教義はやがて現はれる主（救世主）の道であるその涅槃（生命の城・エデンの園）を迎ふるに応しい様に己の心を直くする道である。兜率三関の将にこの公案を無門関最後の則として掲げてある事は意義深い。然して此の問題の最後の解法は世界の宗教の奥義である神道に於ける布斗麻邇（摩尼宝珠）によって初めて与へられるのであるが、それは世界に黙示録の所謂（生命の城）が降臨する歴史的な時期が熟されなければ本当には実現されない。その時期は釈迦牟尼仏入涅槃後の正像末三千年を経た今日の事である。その時世界の静定された場所に、予定された人が現はれてその涅槃の全貌を奉持して降臨する。或は「従地湧出」するのである。

然し一僧の切実な問いに対して乾峯も雲門も複尊が生きていた歴史的時点に於て渾身の問答を一応試みたのがこの公案であって、もとよりその答へが一路涅槃すなはち唯一乗法そのものでは有り得ない。二大老が未だ路頭を識らずと評された意義もこの意味で肯かれるのである。禅は涅槃の一路を辿って行く過程の菩薩行であって、その究極の無上正覚そのものを説き得ては居ない。それは未だ時節が来なかったからである。

二大老が芸術的に示した所は涅槃正覚活用の基本的な心構へであって、無門関の結論として竿頭一歩を進める上の意義深い教訓である。

二大老が示した所は夫々把定と放行である。把定とは実相から空相への道、放行とは空から実相への道である。涅槃への往路であり還相である。散乱する心を収めて統覚の実体を確立する道が把定であって、その方法は「奪ふ」ことにある。自己みづからに対しても、また他に対してもその「拄杖子」を奪ふことであり、「無字」の修練を続けることにある。また「空」の中で聳え立つ須弥山の頂上から一切の実相を展開する実践活動が放行であって、その方法は「与ふる」ことにある。拄杖子に拄杖子を与ふることであり、無の活動によって真理を（弁証法的に）産み出して行くことである。前者は帰納、後者は演繹である。乾峯が一字を描いている道はこの裏に在りと云ったのは涅槃に帰納する道であり、雲門が

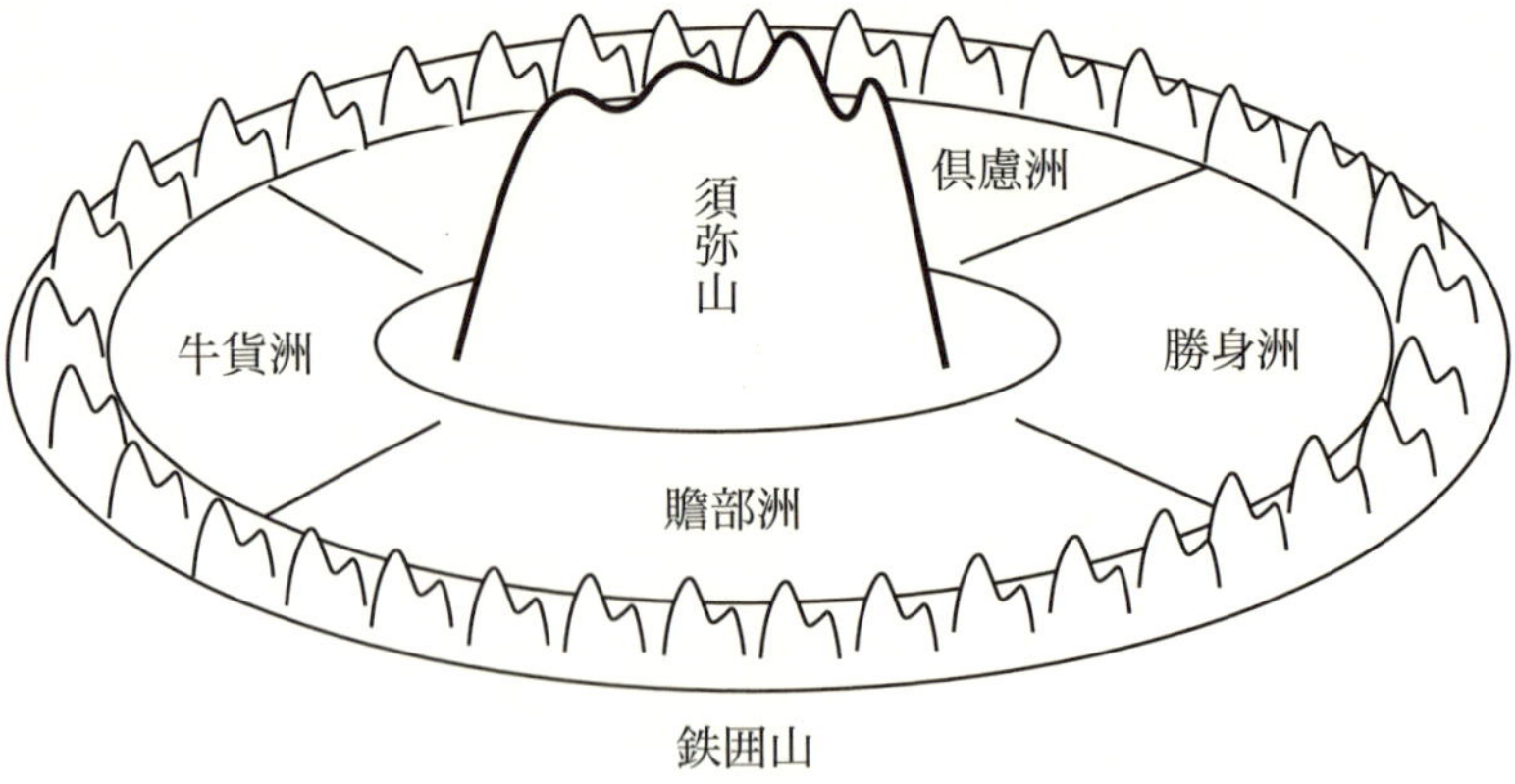

図表13. **須弥山之図**

帝釈天の鼻先に立って、盆を傾ける如くに法雨を降らすことは演繹の道である。両者の道が矛盾撞著する如くであるが一路を往復する道程に他ならない。乾峯は歩かぬうちに既に到り、雲門は語らざるに先づ説き了ると頌せられるが、然しこの程度の比喩的象徴的表現を以て涅槃の実体である無上正覚に到りそれを説き得たりと云ふわけには行かない。「参ずること更に三十年」と云はれるが、その為には仏滅度後三千年に亘る不撓の修練工夫を待って、時節到来した今日初めて世界に開顕されようとしている涅槃の真相である事を知らなければならない。

（禪箴）規に循ひ矩を守るは、縄なくして自ら縛す。

縦横無碍なるは外道魔軍。心が澄寂に存するは黙照の邪禅。意と恣にし緑と忘るれば、深坑に堕落する。

自己の念を起してそれを覚と思ふ事は精魂を玩弄するの漢。兀然として入室のみを習ふは例へば瑜伽の生活。進まんとすれば則ち理に迷ひ、退かんとすれば則ち宗に乖く。進まず退かざれば生きている死人である。さあ如何にして禅を履践するか。努力して此の一生の間に須らく卒業せよ。永劫に殃を受けしむること莫れ。

巻末

あとがき

小笠原孝次氏が最後に遺したもの

大野靖志

「身はたとえ　バベルの野辺に　死するとも
伝えおかなむ　タカマハラナヤサ」

これは、小笠原孝次氏の辞世の句である。

氏は一九八二年十一月二十九日の午後六時にこの世を去った。この句は、最後に小笠原氏が寝ていた布団の下から出てきたものだという。氏はこの辞世の句をしたためた後、こんな言葉を日記に遺している。

「午前六時半。この幡ヶ谷から見る新宿の高層ビルが朝日を受けてキラキラ光り輝く。これでよいのだと思う。」

この一連の中味は、七沢賢治氏の実妹が、夫である古屋博一氏の自宅から七沢氏宛に持ってきたものである。小笠原氏の三十三回忌を終えた後のことであった。元々この家には、氏から継承された全ての遺稿と遺品が保管されていたが、不思議なことに、欠番のあった小笠原氏の日記もこのタイミングですべて出てきた。そこには、これまで窺い知ることのできなかった氏の様々な思いや、当時あった出来事が記されている。

たまたまその中に小笠原夫人（故人）の手紙も入っていた。氏が亡くなられた後大分苦労したこと、そしてある人間から嫌がらせを受けたことなどが書かれている。古屋博一氏は夫人から、三十三回忌が終わったらすべてを明かしてほしいと遺言されていたようである。

小笠原孝次氏は自身のことを「サクラヒコ」と呼んでいた。その呼び名には「審神者（さにわ）」の意味がある。だから、同じ審神者でもある七沢氏が、既に鬼籍に入った小笠原氏を呼び出したら、辟易した様子で「もう十分伝えてあろうが」と、あちらの世界にすぐに戻ってしまったという。もちろん、後にも先にもこれ一度きりである。

こうした流れと本書『仏教三部書』の刊行は無関係ではない。確かに仏教と神道、とりわけ言霊との関係性を学ぶことは、言霊学の中味を知る上で極めて貴重な手掛かりを与えてくれる。また、小笠原氏がそうであったように、七沢氏もそれを学びの輩（ともがら）に伝えたいと考えるのは当然のことである。

しかし、このタイミングは何を意味するのか。すべては氏の三十三回忌を中心に回っているように見える。辞世の句が出てきたこと、日記がすべて揃ったこと、小笠原氏と旧門下の関係を匂わす夫人の手紙が出てきたこと。いずれもただならぬ中味である。あまり大きな声では言えないが、なかには言霊学の歴史を覆すような内容も存在する。

いずれにしてもこの『仏教三部書』は、こうした一連の流れの中で正式に発刊が決まった。当初はまだ出版社も決まっていない状態である。生原稿もあるにはあったが、失礼ながら、走り書きの筆跡が、あまりにも解読を難しくしている。そのため、それらがどのようにまとまっていくのか想像すらできない状況であった。けれども、それは始まり、こうして一つの形となった。まるで陰で氏と夫人に後押しされたかのように。

小笠原氏の戒名は「言霊院釈孝次」。遺骨は今も北青山の旭照山立泉寺に眠っている。聞くところによるとこの戒名は氏自らが命名したものらしい。冒頭で紹介した辞世の句が、「釈」の一字とともに当時の時代背景と氏の役割を如実に物語っている。

一般的には「バベルの野辺」と言われてもピンとこない方がほとんどであろう。しかしそこからは小笠原氏の悲痛な心の声が聞こえてくる。旧約聖書に出てくる「バベル」の塔、それは人類の驕りの産物であった。神を神とも思わない態度、さらには建造物を天に突き上げるという神を挑発するかのような行為。それが現代も続いているということである。結局氏が生きていた時代に文明は変わらなかった。バベルは今も高く聳えているのである。

「野辺」とはまさに社会の底辺である。小笠原氏の生活は決して豊かなものではなかった。六畳一間という質素なアパートに住み、自身の経済活動をストップさせてまでこの言霊研究に勤しんだ。その成果が先の『言霊三部作』であり、この『仏教三部書』である。「伝えおかなむ」という強い意志なくしてこれらは存在しない。氏は『言霊三部作』でたびたび親鸞の「とても地獄は一定すみかぞかし」という言葉を引用している。自らの生き様を投影することで、親鸞にある種の親しみを感じていたに違いない。それが本書『歎異抄講話』にもよく表れている。

小笠原氏は生前青山立泉寺でこんな歌を詠んだ。

「よく見れば　仏が我を　拝むなり　南無阿弥陀仏　南無阿弥陀仏」

これは、まさに当時の氏の境涯を表している。『歎異抄』には「念仏はわが計らいにて行ずるにあらざれば非行という」とある。それに対し、小笠原氏は同講話の中でこう語っている。

「**親鸞はこの宇宙自体、生命自体が宇宙生命自体を思惟する心を〝念仏〟と呼んだ。**」

この説明から何がわかるであろうか。そう。それは親鸞本人ではなく、親鸞そのものに成り切った小笠原氏がそう「呼んだ」ということである。氏自らが宇宙となり親鸞となって「南無阿弥陀仏」を唱えたのである。そこで念仏をあげているのは、もはや「私」というちっぽけな存在ではない。「念仏には無義をもって義とす」にあるように、「私」にとっての意味はどうでもいい。なぜなら、「この宇宙自体、生命自体」が「南無阿弥陀仏」と唱えているからである。

しからば逆にこの「南無阿弥陀仏」とは一体何なのか、「妙法蓮華」とは何か、畢竟「無字」とは何か。そこが、まさに言霊学の入り口に当たる部分である。その大いなるヒントを、小笠原氏は富も名声も、生活の安定をも放棄し、自らの人生をかけて我々に提供してくれた。これは七沢氏にも感じられることであるが、端的に言うと、この人類への透徹した慈しみの気持ちが即ち仏陀であり、そこから発動されるものが言霊である。それ以外の言霊は見当たらない。

この意見には多分に私見が含まれる。しかし、その目を更に見開かせたのが、本書『仏教三部書』のそれぞれの草稿であった。誤解を承知で言うならば、時に仏陀は悪魔にもなりうる。『法華経要義』における「見宝塔品」の解説において、小笠原氏はこうも言う。

「同時に精神でもあり物質でもある第三の文明原理を樹立することが人類刻下の急務であり、人類が真に神の子であり、同時に悪魔の力をも合目的の上に自由自在に駆使し得る仏陀であることを実証する聖業の時である。」

最初に小笠原氏の三十三回忌の話をした。「三十三」とは、五十音から先天十七神(音)を除いた子音の数である。父韻と母音、すなわち、父母から生まれた最初の子の数が「三十三」ということである。逆に両親と子が揃って初めて五十音の御鏡が完成する。氏の三十三回忌を中心に起きている現象を見るにつけ、「善も悪も呑み込み、直ちに浄土の建設に向けて動き出せ」と命じられている気がしてならない。その行先は、氏から別の言葉を借りるのであれば、第三文明の世であり、「完全無欠の仏国土」でもある。

それを一刻も早く実現するために、言霊学会では、これまで所持してきた小笠原孝次氏の著作権をすべて開放することにした。そして、その管理を本書の版元である和器出版株式会社に委託する。よって、小笠原氏の各種原稿を本やテキストにするなどして使いたいという方には、直接和器出版社にご連絡いただくことにより、それらを無償かつ自由に利用できるよう、新たな仕組みを提供する予定である。（ただしプライバシーが関係する氏の日記は別扱いとなる）

実はそれが、小笠原氏が七沢氏に言付けた最後の内容であった。元々が無償で譲り受けたものである。ある時期が来たら無償で世に提供するよう厳命されていた。そもそも、言霊に値段を付けることはできない。売り物ではないのである。また、自分だけ、身内だけのものにもできない。言霊は、万人が自らを豊かにするためのものである。よって、それらをはっきりと「公」に開かれたものにすると宣言させていただく。

『法華経』提婆達多品第十二に「その時龍女に一つの宝珠あり。価値は三千大千世界なり」とある。これは、言霊摩尼宝珠に価値は付けられないことを言っている。同じく小笠原氏は、『言霊精義』（昭和五十二年刊）において、「本書は非売品にした。世の常の価を以てしては売るべきでなく、また購い得ない」と書き記している。

本稿のタイトルにある「小笠原孝次氏が最後に遺したもの」、それは、辞世の句でも、第三文明会の看板でもなく、ましてや著作権でもない。本当のそれは、氏が命懸けで取り組んだ中味のすべてを、一部の限られた人間にではなく、すべての人々に公開せよ、という七沢氏への遺言、すなわち至上命令にあった。

最後に、小笠原氏の御霊にこのようにご報告申し上げたい。

「確かに日記のすべてを受け止めました。どうぞ安らかにおあがりください」と。

小笠原氏が果たせなかった世界経綸への道は、『言霊学事始』シリーズの刊行を端緒に着実に整備が進んでいる。そう感ずるのは私一人だけではあるまい。願わくは氏が完成を望んだ人類の仏国土建設に、一人でも多くの賛同者が加わらんことを。

合掌

大野靖志（おおのやすし）

宗教・科学ジャーナリスト。別ペンネームにて代替医療・精神世界系専門誌に執筆多数。国内大手企業、中堅出版社勤務を経て、現在は執筆業に専念。世界各国の宗教と民間伝承を研究後、七沢賢治氏より伯家神道と言霊学を学ぶ。著書『言霊はこうして実現する〜伯家神道の秘儀継承者・七沢賢治が明かす神話と最先端科学の世界』（文芸社二〇一〇年）・『あなたの人生に奇跡をもたらす和の成功法則』（サンマーク出版二〇一六年）

参考文献一覧

本書を出版するために参照した文献

『法華経』(上・中・下) 坂本幸男・岩本裕訳注 (岩波書店 一九六二年)
『図説　法華経大全』大角修訳・解説 (学習研究社 二〇〇一年)
『歎異抄』金子大栄校注 (岩波書店 二〇〇五年)
『歎異抄』金山秋男現代語訳 (致知出版社 二〇一六年)
『無門関』西村恵信訳注 (岩波書店 一九九四年)
『禅心をつかむ二十一の方法　無門関 (上・下)』西村恵信著 (四季社 二〇〇七年)
『第三文明への通路』小笠原孝次著 (第三文明会 一九六四年)
『世界維新への進発』小笠原孝次著 (第三文明会 一九七五年)
『古事記解義 言霊百神』小笠原孝次著 (東洋館出版社 一九六九年)
『言霊精義』小笠原孝次著 (第三文明会 一九七七年)
『言霊百神』(新装版) 小笠原孝次著・七沢賢治監修 (七沢研究所 二〇一四年)
『言霊精義』(新装版) 小笠原孝次著・七沢賢治監修 (七沢研究所 二〇一五年)

『言霊開眼』（新装版）小笠原孝次著・七沢賢治監修（七沢研究所 二〇一五年）
『言霊設計学』七沢賢治著（ヒカルランド 二〇一二年）
『言霊はこうして実現する』大野靖志著（文芸社 二〇一〇年）
『白川学館入門講義資料 白川学館入門講義集』一般社団法人入門講座テキスト編集委員会編（一般社団法人白川学館 二〇一五年）

謝辞

本書の企画、編集、編集補助には、次の諸氏の協力を得た。ここに謹んで謝意を表する。

石垣 良治
猪早 圭
大林 洋介
成田 泰士
西村 郁人
野田 裕介
平川 明子
増田 里江
宮西 真以
山田 哲也
（五十音順・敬称略）

著　者

小笠原孝次　おがさわら こうじ

1903年　東京都にて生誕。
1922年　東京商科大学(現在の一橋大学)にて、
　　　　吹田順助氏よりドイツ文学ドイツ哲学を学ぶ。
1924年　一燈園の西田天香氏に師事し托鉢奉仕(常不軽菩薩の行)を学ぶ。
1932年　矢野祐太郎氏(元海軍大佐)および夫人の矢野シン氏と共に『神霊密書』(神霊正典)を編纂。
1933年　大本教の行者、西原敬昌氏の下でテレパシーと鎮魂の修行を行う。
1936年　山腰明將氏(元陸軍少佐)が主催する秘密結社「明生会」の門下生となる。明治天皇、昭憲皇太后が宮中で研究していた「言霊学」について学ぶ。
1950年　言霊・数霊研究家の武智時三郎氏より言霊研究のアドバイスを受けると共に同氏の研究を受け継ぐ。
1954年　「皇学研究所」を設立。
1961年　「日本開顕同盟」(発起人 葦津珍彦氏、岡本天明氏ほか)の主要メンバーの一人として活動。
1963年　「ヘブライ研究会」を設立。
1964年　合気道創始者の植芝盛平氏より「武道即神道」(言霊布斗麻邇)の学問的研究の提携を依頼される。
1965年　「ヘブライ研究会」を「第三文明会」に発展。
1975年　72歳の誕生日当日に「言霊学」の後継者となる七沢賢治が来訪する。
　　　　(第三者の紹介による出会いではなく必然的かつ運命的な出会いだった)
　　　　以降「言霊学」を七沢賢治に継承伝授。
1981年　「布斗麻邇の法」を奉戴するため七沢賢治に「言霊神社」創設を命ずる。
　　　　七沢賢治との連盟で山梨県甲府市に「言霊神社」創建。
　　　　「布斗麻邇の法」の継承と「科学的運用方法の研究」を七沢賢治に遺言。
1982年　79歳にて帰幽。

[著書]

- 『第三文明への通路』(第三文明会 1964年)
- 『無門関講話』(第三文明会 1967年)
- 『歎異抄講話』(第三文明会 1968年)
- 『言霊百神』(東洋館出版社 1969年)
- 『大祓祝詞講義』(第三文明会 1970年)
- 『世界維新への進発』(第三文明会 1975年)
- 『言霊精義』(第三文明会 1977年)
- 『言霊開眼』(第三文明会 1980年)

監修者

七沢賢治　ななさわ けんじ

1947年　山梨県甲府市に生誕。
1972年　早稲田大学卒業。
言語学者、宗教研究者、東京外国語大学アジアアフリカ言語文化研究所教授 奈良毅氏に師事。言語学、世界の宗教を実践的に学ぶ。
1978年　大正大学大学院文学研究科博士課程修了（宗教学）。
1975年　国会図書館で『言霊百神』と出会い強い感銘を受ける。
その場で小笠原孝次氏に電話、その日に先生宅に来訪する。
1982年までの7年間に渡り対面参学し「言霊学」の奥伝を受ける。
1981年　小笠原孝次氏より「言霊神社」創設の命を受け小笠原孝次氏との連盟で山梨県甲府市に「言霊神社」を創建し「布斗麻邇の法」を奉戴。
1982年　白川伯王家伝の継承者、高濱浩氏に入門。
1989年までの7年間に渡り「おみち」修行を受け全階梯を修了。
十種神寶御法を口授される。
2010年　白川伯王家伝の継承者として「一般社団法人白川学館」を創設。
2013年　小笠原孝次氏の御遺言に従い「言霊大学校」を開講。
2014年　和学研究への助成を目的とした「一般財団法人和学研究助成財団」を創設。
2016年　「和の叡智」を文字化し普及と記録を目的とした「和器出版株式会社」を創設。

［ 著書 ］

・『2020年「新世界システム実現」のための言霊設計学』（ヒカルランド 2012年）
・『なぜ、日本人はうまくいくのか？ 日本語と日本文化に内在された知識模式化技術』（文芸社刊 2012年）

［ 関連書籍 ］

・『地球コアにまで響き渡るコトダマ 天皇祭祀を司っていた伯家神道』（徳間書店 2008年）
・『言霊はこうして実現する』（文芸社 2010年）
・『放射能デトックス』（文芸社 2011年）

神道から観た
仏教三部書（法華経要義・歎異抄講話・無門関講話）

2016年10月15日 第1刷発行

監　修　七沢賢治
発行者　木村田哲也
発行所　和器出版株式会社
住　所　〒102-0081 東京都千代田区四番町3　番町MKビル5F
電　話　03-5213-4766
URL　http://wakishp.com/
E-MAIL　info@wakishp.com
装幀　井坂健一郎
印刷製本　株式会社プラルト

◎本書の無断複製（コピー、スキャン、デジタル化等）ならびに無断複製物の譲渡および配信は、著作権法上での例外である私的利用を除き禁じられています。本書を代行業者などの第三者に依頼して、複製（コピー、スキャン、デジタル化等）する行為は、たとえ個人や家庭内での利用であっても著作権法違反となります。

◎万が一、落丁、乱丁本の場合には、送料小社負担にて、お取り替えいたします。お手数ですが、和器出版株式会社宛までにご送付ください。
（古書店で購入したものについては、お取り替えできません）

©Wakishuppan 2016 Printed in Japan
ISBNコード 978-4-908830-04-4
※定価は裏表紙に表示してあります。

［ 和器出版株式会社　お問い合わせ先 ］
和器出版株式会社については、和器出版株式会社の公式サイトをご覧ください。
・和器出版株式会社　公式サイト http://wakishp.com/
［ 書籍正誤情報 ］
本書の正誤情報については、和器出版株式会社の公式サイトにて
随時公開しております。

伝説の名著「小笠原孝次・言霊学」シリーズ3部作

伝説の名著、45年間の封印を解く！

小笠原孝次・言霊学シリーズ
第1作

A5判・初版 1969年（昭和44年）発刊
価格（本体2,200円＋税）

［新装版］
言霊百神

初めて古事記の謎を解明！
世界の混乱は思想の混乱である。
思想の混乱は思想を以てしては解決し得ない。

すべての思想を生み、生まれ出てすべての思想となるところの更に高次元の知性の出現を必要とする。摩尼と呼ばれて来たこの高次元の中枢の知性の原理を開明することが世界人類刻下の急務である。（著者のことば）

伝説の名著「小笠原孝次・言霊学」シリーズ3部作

『言霊百神』には記し得なかった
布斗麻邇の秘法が、長年の沈黙を破り、
新装版として今ここに明らかにされる。

小笠原孝次・
言霊学シリーズ
第2作

A5判・初版 1977年（昭和57年）発刊
価格（本体2,200円＋税）

［新装版］
言霊精義

言霊の方法は絶対に分裂を生じない。
人類の文明が其処に帰納され、其処から演繹されて行く
究極の道であるからである――。

言霊は哲学や宗教ではない。芸術や武道などでもない。信仰や祈りや特殊な肉体的修練を要するものではない。言霊には教派も宗派も流儀も存在しない。誰がやっても必ず同一の唯一の結論に到達するものであるからである。（本書はしがきより）

伝説の名著「小笠原孝次・言霊学」シリーズ3部作

小笠原孝次「言霊三部作」完結編。
人類は、こうして宇宙の創造主となる。

小笠原孝次・
言霊学シリーズ
第3作

A5判・初版 1980年（昭和55年）発刊
価格（本体2,200円＋税）

［新装版］
言霊開眼

三千年、四千年間の難解難入の「公案」として負わされた問題は、ただ一つ「人間とは何か」、その性能の全貌は何か、と云うことである——。

生命意志は宇宙万物の、そして人類文明の創造者、造物主である。その生命意志を把持運営する者は、架空に信仰される神ではなく人間そのものである。これを国常立尊と云う。（本書より）

小笠原孝次が3年間読み続けた言霊の聖典『言霊』

近代言霊学の礎を築いた山腰明將氏の教えとは何か。
150年にわたる一子相伝の歴史を打ち破り
今ここに全人類に向けて「新言霊学」を宣言する。

A5版・2016年（平成28年）発刊
価格（本体3,800円＋税）

言霊学事始

山腰明將講演録『言霊』から始まる
新言霊学宣言

さて「コトバ」というものは「言霊」ということをよく認識しませんと分かりません。そうすると「言霊」というのは一体どんなことか。そもそも宇宙万物その構成されている一番根本のもの、これを「宇宙霊」と名づけます。その「宇宙霊」から人間も出来上がっており、また日常もその「宇宙霊」によって生成化育されてまいります。この「宇宙霊」を別に名前を付けまして「コトタマ」と申します。（『言霊』より抜粋）